AF555215

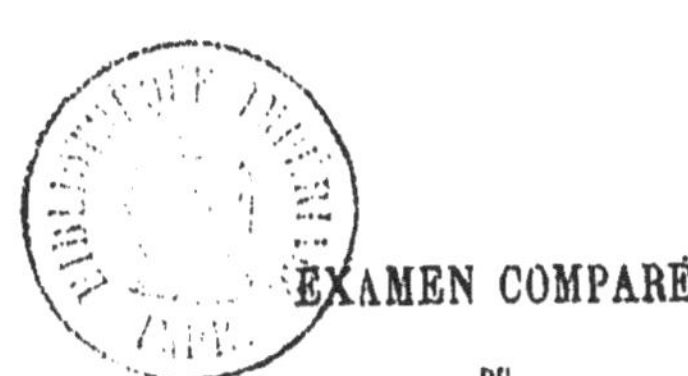

EXAMEN COMPARÉ

DU

RÉGIME MUNICIPAL

L 133
159.

Extrait de la Revue Britannique, *juillet-août* 1867.

Paris. — Typographie Hennuyer et fils, rue du Boulevard, 7.

EXAMEN COMPARÉ

DU

RÉGIME MUNICIPAL

EN FRANCE

DANS LA GRANDE-BRETAGNE

ET

AUX ÉTATS-UNIS D'AMÉRIQUE

PAR

M. J. DUMESNIL

Maire de Puiseaux,

Membre du Conseil général du Loiret et chevalier de la Légion d'honneur.

PARIS

AUX BUREAUX DE LA REVUE BRITANNIQUE

BOULEVARD HAUSSMANN (CI-DEVANT 34, RUE NEUVE-DES-MATHURINS)

1867

EXAMEN COMPARÉ

DU

RÉGIME MUNICIPAL

EN FRANCE

DANS LA GRANDE-BRETAGNE

ET

AUX ÉTATS-UNIS D'AMÉRIQUE.

Plutarque donne une haute idée de l'ancienne autonomie des villes de la Grèce, lorsqu'il rapporte que « les Mégariens, par ordonnance de leur ville, proposèrent à Alexandre le Grand leur police, c'est-à-dire leur bourgeoisie, et qu'Alexandre se prit à rire de l'offre qu'ils lui faisaient; mais ils lui répondirent qu'ils n'avaient jamais décerné cet honneur qu'à Hercule seul, et depuis à luy : à quoy s'esmerveillant, il accepta leur offre, la réputant honorable, d'autant qu'elle étoit rare[1]. »

Ainsi, du temps d'Alexandre le Grand, c'était chose rare et réputée merveilleuse par un prince, qu'une cité libre décernât sa police, c'est-à-dire le droit de la gouverner, à un souverain étranger, ou à tout autre que ses propres citoyens.

Voilà pourquoi le même auteur, dans la vie de Titus Quintus Flaminius[2], représente la joie bruyante des Grecs, assemblés aux jeux isthmiques, à l'annonce faite par ordre du consul

[1] ŒUVRES MORALES, *Des trois sortes de gouvernement*, traduction d'Amyot, t. III, p. 113 à 117; édition in-8° de Janet et Cotelle. Paris, 1820.

[2] Même édition, *Vies des hommes illustres*, t. IV, nos XIX et XX, p. 74 à 76.

romain que chaque ville se gouvernerait dorénavant par ses seules lois.

Mais cette indépendance, rendue en apparence aux villes de la Grèce, n'était qu'un assujettissement déguisé, car les Romains ne se proposaient qu'un objet essentiel à leur politique : c'était de rompre les associations des villes qui avaient des assemblées générales et des magistrats communs, afin de diviser leurs forces pour mieux les asservir. C'est ce que démontre clairement l'illustre auteur des *Considérations sur la grandeur et la décadence des Romains*.

« Lorsqu'ils laissaient, dit Montesquieu (chap. VI), la liberté à quelque ville, ils y faisaient naître d'abord deux factions : l'une défendait les lois et la liberté du pays, l'autre soutenait qu'il n'y avait de loi que la volonté des Romains. Et comme cette dernière faction était toujours la plus puissante, on voit bien qu'une pareille liberté n'était qu'un nom. »

A mesure que la domination romaine s'étendit sur l'ancien monde, l'indépendance, l'autonomie des villes et des nations s'effaça peu à peu et disparut complétement.

On sait que sous les premiers empereurs, jusqu'au règne de Dioclétien, les provinces furent partagées entre le prince et le peuple romain, représenté alors par le sénat. L'empereur nommait les gouverneurs et autres magistrats des provinces qui lui étaient attribuées, tandis que le sénat tirait de son sein ceux des autres. Mais, au fond, il n'y avait aucune différence dans le sort des peuples conquis, et ils étaient tous également réduits à un état de sujétion fort dure. C'est ainsi, par exemple, que le conseil municipal faisait bien, dans chaque cité, la répartition des tributs ou impôts ; mais cette répartition, de même que tous les autres actes de l'administration de la ville, était soumise à la surveillance et à la révision du gouverneur romain de la province. — « Point de travaux, point de dépenses, aucun emploi des fonds communaux sans son autorisation, sans son examen [illegible]. » Il n'y avait donc plus aucune autonomie.

En [illegible] et la chute de l'empire d'Occident, la faiblesse

[illegible], [illegible] *changements opérés dans toutes les parties de l'administration de l'Empire romain, sous les règnes de Dioclétien, de Constantin et de leurs successeurs, jusqu'à Julien.*

de celui fondé à Constantinople, les invasions successives des barbares et leurs succès, en brisant les liens qui rattachaient les provinces et les villes à Rome et à Byzance, firent naître, avec le temps, un nouvel ordre de choses.

Pour échapper au massacre et à la servitude, plusieurs peuplades italiques se groupèrent de nouveau et cherchèrent à défendre leur indépendance. Les lagunes de l'Adriatique servirent de refuge à l'une d'elles, et la glorieuse autonomie de Venise fut fondée.

Bientôt Florence, Gênes, Pise et beaucoup d'autres villes, échappées comme par miracle à la destruction, parvinrent à établir leur indépendance et leur nationalité.

Dans d'autres pays moins avancés que l'Italie, particulièrement dans le nord et l'ouest de l'Europe, en Allemagne, en Hollande, en Angleterre, dans les provinces belgiques, ces exemples furent suivis par un grand nombre de cités. Mais l'autonomie de la plupart de ces villes n'était pas entière : un grand nombre d'entre elles, bien que s'administrant librement, étaient soumises soit à la suzeraineté de l'empire d'Allemagne, qui voulait imiter l'ancien empire romain ; soit au pouvoir de rois, de princes ou de seigneurs, qui ne respectaient pas les franchises municipales lorsqu'elles leur paraissaient contraires à leurs intérêts.

En France, ce qu'on appelle l'affranchissement des communes ne constitua pas l'établissement de leur autonomie. Les villes et les communes furent soustraites en partie, il est vrai, par les chartes royales à l'arbitraire du régime féodal et à la domination de leurs seigneurs particuliers ; mais le roi de France, qui octroyait les chartes des franchises communales, intervenait souvent dans le gouvernement intérieur des cités, selon les intérêts du moment ou la force des circonstances. On peut donc affirmer qu'il n'y a jamais eu en France, spécialement dans les pays régis par les anciennes coutumes et le droit féodal, d'autonomie municipale comparable à celle dont jouissaient les républiques italiennes et même les principales villes d'Angleterre, d'Allemagne et des Pays-Bas. Le travail de la centralisation est ancien dans notre pays; son niveau n'a été définitivement établi qu'à la suite de la révolution de 1789; mais la monarchie on avait préparé les éléments, en faisant table rase de presque toutes les franchises municipales.

Les premières années qui suivirent l'explosion de 1789 ne furent pas favorables à l'émancipation des villes et des communes. Les assemblées politiques qui gouvernaient la France avaient admis comme un principe inattaquable l'unité, l'indivisibilité de son territoire. Les départements, créés pour remplacer les anciennes provinces, ne durent être que de simples circonscriptions établies pour la facilité de l'administration, mais incapables d'une existence séparée du grand tout qui constituait la France régénérée. Les communes ne furent pas beaucoup mieux traitées que les départements : après l'apparition du fédéralisme et de la guerre civile en Vendée, à Lyon, à Toulon et dans le Midi, la Convention s'efforça de supprimer les derniers restes des libertés municipales. Elle décima Lyon, l'appela *commune affranchie*, et lui imposa dans le sang des lois terribles. Le Directoire ne fit qu'adoucir les mesures extrêmes qui avaient été inspirées à la Convention par l'invasion étrangère et par la guerre civile intérieure. Mais, sous son gouvernement, les anciennes franchises municipales furent également foulées aux pieds. Cependant, le désordre qui régnait alors partout permit aux municipalités de créer des dettes qui pesèrent longtemps sur leurs finances.

Le Premier Consul entreprit de rétablir l'ordre, aussi bien dans l'administration des grandes villes que des plus petites communes. Il y réussit par une série de mesures conformes à l'intérêt général du pays plutôt qu'à la liberté des institutions municipales.

Devenu empereur, Napoléon Ier consolida son œuvre, en rattachant plus étroitement encore l'administration des communes au vaste et puissant système de centralisation établi à Paris dans les bureaux des différents ministères.

Le gouvernement de la Restauration et celui né de la révolution de Juillet respectèrent ce régime, dont le résultat fut d'amoindrir chaque année l'action et les attributions des autorités locales, au profit, le plus souvent, non pas du pouvoir central, mais de l'influence de la bureaucratie.

Il faut rendre à S. M. l'empereur Napoléon III la justice due aux efforts qu'il a tentés pour combattre l'excès de la centralisation des affaires municipales et départementales dans les bureaux des ministères. Parfaitement instruit des institutions libres qui régissent la plupart des villes en Allemagne, en Angleterre et en Italie, un de ses principaux actes, lorsqu'il n'était encore que Président de la république, a été de chercher à rendre aux administrations municipales une latitude relative, en les affranchissant, dans un grand nombre d'affaires, de la nécessité de recourir à l'examen et à l'approbation de l'autorité centrale supérieure.

C'est dans ce but, essentiellement utile, juste et pratique, qu'a été rendu le décret de décentralisation du 30 mars 1852. Depuis, d'autres actes[1] ont étendu le cercle des affaires affranchies du contrôle de la centralisation. Toutefois, sans nier les avantages produits par ces heureuses innovations, on est forcé de reconnaître que, dans l'état actuel de la législation, les administrations communales ne peuvent agir en France que comme des corps toujours subordonnés, soit à l'autorité centrale du gouvernement, soit à celle de ses délégués, les préfets et les sous-préfets des départements.

Le régime communal, encore en honneur dans un grand nombre de villes en Europe, chez des nations différentes, ainsi qu'aux Etats-Unis d'Amérique, entend et respecte d'une tout autre manière les libertés municipales. Dans ces pays, la nomination des représentants de la cité, le vote de son budget en recettes comme en dépenses, la gestion de toutes ses affaires et de tous ses services publics, appartiennent souverainement aux contribuables électeurs de la localité; et la seule exception à ces franchises est l'obligation d'obtenir l'autorisation de la législature pour des impôts extraordinaires ou des emprunts qui excèdent les limites déterminées par la loi. Mais, en dehors de cette obligation motivée par la raison d'Etat, le droit des habitants de chaque municipalité à se gouverner eux-mêmes, selon leurs propres convenances, reste intact.

Ainsi, de nos jours, comme dans l'antiquité, deux systèmes

[1] Voir, entre autres, la loi du 18 juillet 1866 sur les nouvelles attributions des conseils de département.

se partagent le règlement et l'administration des affaires municipales.

Le premier, inspiré par la crainte de l'anarchie, du fédéralisme, du fractionnement et de l'affaiblissement de l'unité nationale, est représenté par la centralisation française.

Le second, le *self government*, qui fait revivre l'autonomie des villes de la Grèce et des républiques italiennes au moyen âge, se concilie, sans s'y confondre, avec l'autorité centrale, de laquelle il reste complètement indépendant.

Les principales conséquences de ces deux systèmes diffèrent autant, dans l'application, que les principes mêmes qui constituent chacun d'eux.

L'uniformité des règles à observer est, en France, la première conséquence du régime centralisateur. La raison en est simple. La centralisation ayant été établie dans l'intérêt de la force et de l'unité nationales, il était naturel que le pouvoir chargé de la maintenir fût investi du droit de tracer les règles à suivre dans toutes les affaires soumises nécessairement à sa surveillance et à son approbation définitive. Ces règles durent être identiques pour chaque affaire de la même espèce, bien que la solution pût différer selon les circonstances.

Au contraire, dans les pays où l'autonomie, le *self government* a prévalu, la variété des usages et des règles, suite inévitable de l'indépendance locale, remplace l'uniformité française. Comme le *self government* fait reposer le droit de gérer les affaires de la commune sur la volonté exclusive de la majorité des habitants électeurs de la même cité, l'autorité supérieure de l'État n'a pas à intervenir dans ces affaires, qui sont votées, réglées et payées sous la seule approbation desdits habitants et des représentants qu'ils ont élus, en vertu des lois générales et locales.

De ces conséquences opposées, inhérentes à chaque système, naissent les garanties de bonne administration propres à chacun d'eux.

Ces garanties, sous l'empire des lois autonomes, consistent entièrement dans le droit des citoyens contribuables de la localité, de pouvoir contester les mesures proposées ou votées, et même de poursuivre le redressement des griefs allégués, en citant devant les tribunaux ordinaires les administrateurs et les comptables des deniers de la commune. Mais la garantie, au profit de ces derniers, se trouve dans les dommages-intérêts et les amendes auxquelles leurs adversaires s'exposent à être condamnés, s'il est reconnu par les magistrats qu'ils ont attaqué à tort ou diffamé à dessein. Aussi, en général, ces sortes de procès sont-ils rares en Angleterre et aux Etats-Unis.

Avec la centralisation, la garantie d'une bonne administration et du fidèle emploi des deniers communaux résulte à la fois du vote approbatif des conseils locaux et de l'observation des règles imposées par l'autorité supérieure, règles qui sont fondées sur une longue expérience. Ici, les contribuables, pris isolément, n'ont pas le droit de réclamer et encore moins de citer directement les administrateurs et les comptables devant les tribunaux de droit commun. Les révolutions successives qui ont agité la France ont déterminé le gouvernement et le Corps législatif à entourer les maires et autres fonctionnaires publics d'une protection qui les met généralement à l'abri des procès qui pourraient leur être intentés à raison de l'exercice de leurs fonctions. La responsabilité de ces fonctionnaires se trouve donc fort amoindrie. Mais leur gestion morale, administrative et financière, est soumise d'abord à l'approbation des conseils municipaux, ensuite à la révision de l'autorité supérieure, et, en dernier ressort, à l'examen des conseils de préfecture ou de la Cour des comptes, selon l'importance des communes, juridictions qui n'existent ni en Angleterre ni aux Etats-Unis.

Peut-être la situation de la France, placée au milieu de l'Europe et entourée de peuples et de gouvernements trop souvent envieux de sa richesse, de sa puissance et de sa gloire, suffirait pour justifier le système centralisateur appliqué chez elle en toutes choses, comme ayant été indispensablement nécessaire à sa force et à sa sécurité ; — tandis que, dans la Grande-Bretagne et aux Etats-Unis, la même raison d'Etat n'existant pas, une plus grande somme de liberté a pu être laissée aux municipalités.

Quoi qu'il en soit, dans la pratique, comme on le verra, les deux régimes se prêtent avec une égale facilité à toutes les améliorations réclamées par la civilisation moderne.

I

Régime municipal français.

L'uniformité est la base du régime municipal français : elle s'applique aussi bien à son organisation qu'aux attributions des autorités communales.

Ainsi : 1° Depuis les plus grandes villes jusqu'aux plus humbles villages, toutes les communes de France sont régies par les mêmes lois et règlements.

2° Partout[1] le choix des conseillers municipaux est fait par les électeurs inscrits sur les listes, sans aucune condition de cens, et la durée de leur mandat est de six années.

3° Les maires et adjoints sont nommés, même en dehors du conseil municipal ; savoir : par les préfets, pour les localités d'une population inférieure à 2,500 habitants, et par l'Empereur pour les chefs-lieux de canton et les autres villes. Ils sont révoqués ou suspendus de la même manière.

4° Les maires sont à la fois les représentants de l'autorité supérieure, et les administrateurs de la localité où ils exercent leurs fonctions. Ils présentent le budget communal, et ordonnancent les mandats de payement dans la limite des crédits votés.

5° Les conseils municipaux votent le budget en recettes et en dépenses, ils vérifient et approuvent les comptes du maire et du receveur municipal, et délibèrent sur toutes les affaires qui peuvent intéresser la commune.

6° Le vote du budget et les autres délibérations ne deviennent définitifs qu'après approbation soit du préfet, soit du ministre de l'intérieur, selon que la commune possède un revenu inférieur ou supérieur à 100,000 francs.

7° D'après la même distinction, les votes d'impôts extraordinaires et d'emprunts sont soumis à la sanction, soit du Con-

[1] Paris et Lyon exceptés. Dans ces deux villes, une commission, dont les membres sont nommés par l'Empereur, remplace le conseil municipal électif, et les fonctions de maire sont exercées à Paris, selon les matières, soit par le préfet de la Seine, soit par le préfet de police ; à Lyon, par le préfet du Rhône.

seil d'Etat, dans la forme d'un décret, soit du Corps législatif au moyen d'une loi.

8° La comptabilité communale est tenue de la même manière, en exécution des mêmes lois et règlements, par des comptables nommés par le ministre des finances ou les préfets pour les communes ayant un revenu inférieur à 100,000 francs, et, dans les autres, par le ministre ou les conseils municipaux, s'ils le demandent.

9° Enfin, la vérification et l'approbation définitives des comptes appartiennent, selon la différence de revenu indiquée plus haut, soit aux conseils de préfecture, soit à la Cour des comptes.

Ainsi, en tout et partout, dans l'organisation, comme dans les attributions et la comptabilité, se trouve le principe fondamental d'uniformité établi par le pouvoir centralisateur dont relèvent toutes les autorités, toutes les affaires des 37,505 communes de France.

Voici maintenant, d'après un rapport du ministre de l'intérieur à l'Empereur, en quoi consistent leurs recettes tant ordinaires qu'extraordinaires, qui ont produit, en 1862, environ 450 millions.

Ce chiffre comprend d'abord les revenus des propriétés tant mobilières qu'immobilières appartenant aux communes; les droits de locations, de taxes et de péages qu'elles peuvent établir, leur part dans les permis de chasse et passe-ports, concessions de terrain dans les cimetières, la taxe sur les chiens, de création récente, enfin le prélèvement autorisé par les lois de finances sur les impôts directs, qui a compris, en 1865, tant pour leurs dépenses ordinaires qu'extraordinaires, le nombre de centimes ci-après, savoir :

A. Cinq centimes additionnels au principal des contributions foncière, et personnelle et mobilière, laissés à la disposition des communes chaque année par le budget de l'État, et applicables à toutes les dépenses ordinaires des communes, dont le produit a été de.	9,659,330 fr. 31 c.
B. Huit centimes ordinaires, attribués sur le principal de l'impôt des patentes.	3,477,535 90
A reporter. . .	13,136,866 fr. 21 c.

Report. . .	13,136,866 fr. 21 c.
C. L'équivalent de six centimes environ, au principal des quatre contributions directes, votés par les conseils municipaux pour couvrir l'insuffisance de leurs ressources ordinaires.	19,432,825 19
D. Pour l'instruction primaire à laquelle les communes peuvent affecter trois centimes au maximum, sur les mêmes contributions, il a été employé.	7,043,377 34
E. Les dépenses de construction et d'entretien des chemins vicinaux ont exigé un prélèvement de. . . . . sur le maximum de cinq centimes que les conseils ont le droit d'appliquer à ces travaux.	12,602,438 75
Total du produit des centimes employés en 1862 aux dépenses ordinaires des communes :	52,215,507 fr. 49 c.
Mais pour connaître le chiffre entier des ressources que les communes tirent de l'impôt direct, il faut ajouter à cette somme celle de : représentant, pour 1862, le montant des centimes que les conseils municipaux ont votés pour dépenses extraordinaires.	19,486,136 42
Le maximum de ces centimes peut s'élever jusqu'à vingt au principal des quatre contributions directes. Mais c'est sur ce maximum que doit être prélevée la somme destinée à couvrir l'insuffisance des recettes ordinaires, et dans ce cas, il n'y a que ce qui reste qui puisse être affecté aux dépenses extraordinaires.	
Ainsi, sur les rôles des contributions directes, les communes ont prélevé, en 1862, pour leurs services, en totalité.	71,701,643 fr. 91 c.

10° On vient de voir que cinq centimes spéciaux peuvent être affectés à la construction et à l'entretien des chemins vicinaux : il convient d'y ajouter le produit évalué en argent des prestations en nature que les conseils municipaux ont le droit de voter pour les chemins, et qui même peuvent leur être imposées d'office par le préfet du département. Presque toutes les petites communes acquittent des journées de prestation dont le maximum est de trois par année. Dans les grandes villes, ces prestations n'existent pas, elles sont remplacées par des crédits spéciaux ; mais le plus souvent les budgets des villes les plus importantes ne renferment aucune allocation qui en tienne lieu.

Le produit, évalué en argent, des journées de prestation de 1862 a été de. . . . . 48,922,659 fr. 86 c.

11° La dernière source de revenus des communes est celle qu'elles tirent de l'impôt indirect, par l'établissement d'octrois municipaux. Il s'en faut de beaucoup que toutes les communes de France aient un octroi : en comptant celles situées dans le département de la Seine (Paris excepté) qui en possèdent, on ne trouvait, en 1862, que 1,434 communes sur 37,505 qui eussent des bureaux de perception de droits d'octroi. On sait que, pour obtenir l'autorisation de les établir, il faut que les municipalités justifient, par les états de recensement, d'une population agglomérée d'au moins 2,500 habitants. Il n'y a donc que les communes les plus importantes qui puissent se créer cette source de revenus.

Les droits d'octroi se divisent en taxes ordinaires et en taxes additionnelles aux premières.

Le produit des taxes ordinaires est affecté au payement des dépenses ordinaires de la commune, et celui des taxes additionnelles, comme les centimes extraordinaires, est réservé aux dépenses extraordinaires.

En 1862, les taxes ordinaires d'octrois ont produit, dans les 1,434 communes où il en existe, Paris excepté, la somme de.	72,656,153 fr. 42 c.
Les taxes additionnelles, établies dans un bien moins grand nombre de villes, se sont élevées à.	6,012,650 70
Total. . . .	78,668,804 fr. 12 c.

Depuis la suppression des octrois en Belgique, et le remplacement du revenu qu'ils fournissaient aux communes de ce pays par un prélèvement égal sur certains droits, taxes et impôts encaissés jusqu'alors au profit de l'État, on a vivement réclamé en France l'adoption d'une mesure semblable.

Les adversaires des octrois leur reprochent d'augmenter le prix de toutes les denrées, de tous les objets de consommation nécessaires à la vie, et de faire peser cette augmentation principalement sur la classe la plus nombreuse et la moins aisée; de transformer les villes en véritables citadelles, défendues par une enceinte continue, dans lesquelles on ne peut pénétrer qu'après avoir subi une inspection personnelle qui s'accorde mal avec le respect commandé pour la liberté individuelle; de créer une armée d'employés investis du droit de faire des visites domiciliaires pour *exercer*, c'est-à-dire rechercher les objets soumis aux droits et introduits en fraude; enfin, d'absorber en frais de gestion, surtout dans les communes où les recettes de l'octroi sont minimes, une trop forte part des produits.

Sans nier complétement une partie de ces inconvénients, les partisans des octrois demandent leur maintien, surtout à cause de l'impossibilité de remplacer les ressources qu'ils procurent aux villes par d'autres revenus communaux.

En effet, on a vu que les centimes ordinaires, spéciaux et extraordinaires, dans les limites du maximum que les conseils municipaux peuvent voter, produisent annuellement environ la somme de. . . . . 72,000,000 fr.

Tandis que les taxes ordinaires et additionnelles des centimes s'élèvent à près de. . . . . 79,000,000 »

Si donc on venait à supprimer ces taxes, il faudrait plus que doubler le chiffre des centimes communaux pour procurer aux communes le même revenu.

Et encore est-il à remarquer que la somme de 72 millions ci-dessus est celle produite par tous les centimes existant en 1862 dans toutes les communes de France, Paris excepté;

Tandis que les 79 millions ne s'appliquent qu'aux recettes des octrois existant dans 1,434 communes, toujours en exceptant Paris.

La suppression des octrois obligerait donc ces communes, pour combler le déficit énorme causé à leurs recettes, à s'imposer un nombre de centimes de beaucoup supérieur, non-seulement au maximum actuel, mais même au principal des quatre contributions directes qu'elles acquittent.

Prenons la ville de Lyon pour exemple, afin de mieux faire comprendre l'exactitude de ce raisonnement.

D'après les comptes de l'exercice 1859, les taxes ordinaires de l'octroi ont procuré à cette ville un produit net de 5,951,742 fr. 69 c.

Tandis que les centimes ordinaires, spéciaux et extraordinaires, au nombre de trente-six et une fraction, qui ont figuré pendant le même exercice au budget de Lyon, ne se sont élevés qu'à 1,225,124 »

c'est-à-dire moins du quart des recettes de l'octroi.

Un centime au principal des quatre contributions directes produisant à Lyon, en 1859, 41,288 fr. 21 c., si l'octroi de cette ville était supprimé, il faudrait grever les contribuables lyonnais des impôts directs et les redevables des patentes, en d'autres termes, la propriété, le commerce et l'industrie, de près de *cent cinquante centimes* extraordinaires, soit *doubler une fois et demie* le principal des quatre contributions, pour refaire, au profit de la ville de Lyon, le revenu qu'elle aurait perdu avec son octroi : conséquence absolument inadmissible, l'Etat ayant un trop grand intérêt à ne pas surcharger les contributions directes.

Et encore, cet énorme accroissement de l'impôt direct devrait aller chaque année en augmentant.

En effet, s'il est un fait économique incontestable, c'est celui de l'élévation annuelle et progressive de toutes les dépenses municipales, départementales et de l'Etat. De même que les conditions de l'existence individuelle ont été complétement modifiées depuis un demi-siècle, de même les dépenses publiques de toute nature ont dû s'accroître, et suivre l'immense développement des entreprises d'utilité générale, inconnues aux siècles précédents.

D'un autre côté, l'augmentation des métaux précieux, et particulièrement de l'or entré dans la circulation, depuis la découverte des mines et des placers de l'Oural, de la Californie et de l'Australie, a fait singulièrement diminuer leur valeur : en d'autres termes, il faut aujourd'hui une plus grande quantité de métal, or ou argent, pour payer toutes choses, les objets et les denrées de consommation aussi bien que la main-d'œuvre. En outre, l'aisance générale accrue dans toutes les classes de la société par l'immense masse des valeurs fiduciaires qui se négocient et absorbent les placements de l'économie et de la prévoyance, ne contribue pas moins au même résultat. La conséquence naturelle de cet état de choses, c'est que la recherche des améliorations sociales est à l'ordre du jour, aussi bien dans les plus humbles conseils municipaux qu'au sein du Conseil d'Etat, du Sénat et du Corps législatif. Or, il n'y a pas d'améliorations matérielles sans dépenses : les grandes villes et les petites communes doivent donc se créer des ressources pour parer, chaque année, à ce surcroît de charges qu'elles sont obligées de s'imposer dans un intérêt général.

C'est précisément par ce côté que le maintien des octrois se recommande aux économistes. Leurs taxes étant établies sur la consommation ou l'emploi des objets qui en sont grevés, on comprend que leur rendement doit suivre le progrès de la richesse générale. Aussi l'expérience a démontré, surtout depuis les trente dernières années, que les recettes des octrois avaient la même progression que celles des contributions indirectes. A Lyon, pendant la seule année 1859, la plus-value de l'octroi et de ses taxes additionnelles s'est élevée au delà de 600,000 francs en sus des prévisions primitives du budget, tandis que le produit des centimes communaux n'a dépassé les évaluations que d'environ 41,000 francs.

Cette augmentation des recettes de l'octroi est doublement heureuse en ce que, d'une part, elle permet de laisser le contingent, en principal, des contributions directes dans le *statu quo* [1], et en ce que, de l'autre, elle a singulièrement facilité l'entreprise et l'achèvement d'utiles et nombreux travaux, exécutés dans la plupart des villes, au grand profit des habitants, des ouvriers, de la salubrité publique et du bien-être général.

Un autre avantage des octrois, qui n'est ni assez connu, ni assez remarqué, c'est la facilité qu'ils donnent aux autorités municipales de supprimer ou de réduire, moyennant un prélèvement équivalent sur leurs produits, le contingent de l'impôt personnel et mobilier que les petits contribuables auraient

[1] Sauf l'application de l'impôt personnel à raison de l'accroissement de la population, et la charge des contributions foncières et des portes et fenêtres imposée aux bâtiments nouvellement construits.

à payer sans l'emploi de ce moyen de compensation au profit de l'Etat

Ainsi, on voit figurer aux comptes de la ville de Lyon, pour 1859, article 33, une somme de 180,000 francs prise sur l'octroi pour le remplacement d'une partie de ces impôts au profit exclusif de petits contribuables. De cette manière, l'octroi, qui est alimenté dans les villes principalement par les droits qu'acquittent les classes ouvrières sur les denrées et les liquides qu'elles consomment, rend à ces consommateurs une partie de ces droits, en permettant aux autorités locales soit de les exempter de tout impôt direct, soit de diminuer le contingent mis à leur charge.

Je ne m'étendrai pas plus longuement sur la question de la suppression des octrois municipaux : elle ne serait possible qu'à la condition, de la part de l'Etat, de remplacer avec ses propres revenus la part de ceux qu'on aurait enlevés aux communes, et il n'est pas besoin de faire remarquer que, dans la situation actuelle du trésor public, le grever annuellement d'une charge qui devrait s'élever à environ 100 millions, sans y comprendre l'octroi de Paris qui produit à lui seul plus de 110 millions, est chose absolument impossible. J'ajouterai qu'au point de vue des entreprises d'utilité communale, la suppression des octrois amoindrirait certainement l'initiative laissée aux conseils locaux. Comme le Corps législatif devrait inscrire au budget de l'Etat des crédits abandonnés aux communes pour leur tenir lieu des produits des octrois supprimés, il aurait par cela même le droit de s'enquérir de leur emploi, et, par suite, de l'approuver ou de le rejeter. Il serait donc ainsi amené, par la force irrésistible des circonstances, à diminuer la liberté d'action des conseils municipaux.

Il ne faut pas oublier qu'indépendamment des droits d'octrois, il existe un droit d'*entrée* perçu au profit de l'Etat dans toutes les villes où des droits sont établis. Ces entrées augmentent considérablement les droits à payer, et les redevables mettent le tout sur le compte des octrois municipaux. Il paraîtrait juste de supprimer ou tout au moins de réduire largement ce droit d'entrée, qui frappe une seconde fois les objets de consommation que les octrois atteignent déjà.

D'après les considérations qui précèdent, je crois pouvoir conclure que la législation en vigueur, qui autorise l'établissement des taxes d'octrois, bien que susceptible d'améliorations et d'adoucissements sous beaucoup de rapports, est néanmoins plus favorable que leur suppression aux franchises et aux finances des communes.

Dépenses municipales. — Elles se divisent, comme les recettes, en ordinaires ou obligatoires et extraordinaires : leur chiffre total a dépassé, en 1862, 450 millions.

Parmi ces dépenses, les principales sont : le traitement du personnel administratif des villes et des communes, les maires, adjoints et conseillers municipaux exceptés ; l'entretien des bureaux, les réparations aux bâtiments, les subventions accordées aux différents cultes reconnus par la loi, les allocations votées pour l'instruction primaire, qui ont été, cette année, de près de 48 millions ; les dépenses de construction et d'entretien des chemins vicinaux, y compris les prestations en nature, pour près de 67 millions. Enfin un grand nombre d'améliorations entreprises avec des fonds d'emprunt ou des centimes extraordinaires ont absorbé plus de 140 millions.

Pour compléter le tableau des recettes et dépenses municipales en France, il me reste à indiquer les résultats, prévus et votés par la commission qui tient lieu de conseil municipal à Paris, des recettes et dépenses de cette capitale.

D'après le rapport fait à ce conseil par M. Devinck, l'un de ses membres, au nom du comité des finances, le budget de Paris a été évalué pour l'année 1866 :

		fr. c.
En recettes, à la somme de.		218,158,905 54
Savoir : fonds généraux. . dans lesquels le produit des taxes ordinaires de l'octroi figure pour plus de 110 millions, tandis que celui des centimes ordinaires, spéciaux et extraordinaires, ne s'élève qu'à environ 2,200,000 francs.	156,910,894f 34	
Et fonds spéciaux provenant d'emprunts.	61,248,011f 20	

Ces recettes sont destinées à couvrir, dans les mêmes proportions, les dépenses ordinaires, spéciales et extraordinaires.

De ces chiffres il résulte que les recettes et dépenses annuelles de toute nature de la ville de Paris atteignent une somme égale, à peu de différence près, à la moitié des recettes et des dépenses faites chaque année par les 37,505 communes de France réunies, et que les améliorations introduites dans les nombreux services de cette grande cité absorbent annuellement plus de 100 millions de francs, au grand avantage de sa population de plus de 1,700,000 habitants, des étrangers que l'agrément de son séjour y attire, et surtout des nombreux ouvriers constamment occupés à des entreprises et à des travaux d'une véritable utilité publique[1].

L'exposé très-sommaire qui précède suffit, ce semble, pour démontrer qu'en France le système centralisateur, malgré la tutelle qu'il impose aux communes, ne met nullement obstacle au développement des améliorations réclamées par les autorités locales.

Je vais essayer maintenant d'exposer le régime d'autonomie, de *self government*, qui préside à l'organisation et à l'administration des municipalités en Angleterre et aux Etats-Unis. Je commencerai par l'Angleterre, parce que ce pays est une vieille terre de liberté en Europe, et que c'est sous l'influence vivifiante des droits dont jouissaient, dans les villes, les citoyens anglais, que le premiers émigrants anglo-saxons sont allés fonder dans le nouveau monde des colonies régies, quant aux institutions municipales, sur le modèle de la mère patrie.

ADMINISTRATIONS MUNICIPALES DANS LA GRANDE-BRETAGNE [2].

La diversité, la variété est le signe caractéristique du régime municipal dans le royaume-uni d'Angleterre et d'Irlande.

[1] Voir leur énumération à la fin du rapport de M. Devinck, *Journal des Débats*, du 6 janvier 1866.

[2] J'ai tiré, en très-grande partie, les explications qui vont suivre du Rapport déposé à la Chambre des représentants belges, en décembre 1859, par M. Frère-Orban, ministre des finances de Belgique, sur les taxes locales

Cette diversité est née du droit féodal, qui est encore aujourd'hui la base de presque toutes les institutions anglaises.

Elle provient aussi des réunions successives de l'Ecosse et de l'Irlande à l'Angleterre, les conditions de ces réunions ayant stipulé, en grande partie, le respect des franchises et libertés des villes, bourgs et paroisses des deux royaumes annexés.

Enfin, la diversité des règlements municipaux a été maintenue par le Parlement, comme étant de l'essence même de la liberté, et caractérisant le droit des habitants de s'administrer eux-mêmes, comme ils l'estiment, de la manière la plus convenable à leurs intérêts.

Le système municipal anglais, où tout diffère, est donc entièrement opposé au régime français, où tout est uniforme. On trouve la diversité non-seulement dans la manière dont les villes, bourgs et paroisses sont administrés en Angleterre, dans le pays de Galles, en Ecosse et en Irlande, mais elle se rencontre également jusque dans la constitution de ces agglomérations municipales.

I

Angleterre et pays de Galles.

Les administrations municipales, dans cette ancienne partie du Royaume-Uni, sont divisées : 1° en paroisses ; 2° en commissions locales ; 3° en bourgs municipaux. Il y a de plus la Cité de Londres, ayant une organisation spéciale.

Je commencerai par les *paroisses*. — Elles sont au nombre de 14,600 : une loi de 1857 a réuni aux paroisses des localités connues sous les noms de *extraparochial places*, qui n'acquittaient pas la taxe des pauvres et jouissaient d'autres immunités abusives.

Tous les contribuables de la paroisse forment une assemblée nommée *vestry*, investie du droit de choisir les autorités de la [illegible]

[illegible]e-uni d'Angleterre et d'Irlande. Ce remarquable travail, qui [illegible]ppression des octrois dans les villes belges, a été rédigé par M. [illegible]cteur, et par M. J. Van der Straeten, inspecteur des finances [illegible]yés à cet effet en Angleterre. Depuis, ce Rapport a été publié en [illegible]ume in-8°.

IMPERIAL

Ces autorités sont : 1° les marguilliers des églises (*church-wardens*) ; 2° les bureaux d'inhumation (*burial boards*) ; 3° les inspecteurs des voies publiques (*surveyors of the highways*) ; 4° les inspecteurs de l'éclairage (*lighting surveyors*) ; 5° les maîtres et les gardiens des pauvres (*guardians and overseers of the poor*) ; 6° et les constables chargés de la police municipale (*petty constables*).

Pour prendre part à l'élection de ces différentes autorités et faire partie du *vestry*, il est nécessaire d'acquitter la taxe des pauvres : cette taxe est donc la base de tout le système municipal anglais : pour l'intelligence de ce qui va suivre, je crois nécessaire d'exposer brièvement en quoi consiste cet impôt, l'un des plus lourds de la Grande-Bretagne.

La taxe des pauvres (*poor rate*) a été établie en 1601 par le statut XLIII, chap. II, de la reine Elisabeth ; elle a subi depuis de nombreuses modifications. Son principe est de mettre à la charge de chaque paroisse ou bourg l'obligation de venir en aide à tout indigent qui manque de nourriture, de logement et de secours médical. Ce but est atteint de deux manières : au moyen d'établissements de charité, maisons de travail, écoles et asiles où les pauvres sont reçus (*in maintenance*) ; et par les secours qui leur sont distribués à domicile (*out door relief*). La détermination du domicile a été, depuis l'Acte XIV de Charles II, de 1661, l'occasion d'un grand nombre d'interprétations législatives.

Une loi du 14 août 1834, connue sous le nom de *poor law amendment act*, a introduit des règles uniformes dans l'administration des pauvres, ainsi que dans l'établissement, la levée et les comptes de la taxe affectée spécialement à ce service. Elle a placé cette administration sous la direction et le contrôle d'une commission supérieure (*poor law board*), qui siége à Londres. Elle se compose du lord président du conseil des ministres, du lord du sceau privé, du principal secrétaire d'Etat de l'intérieur, du chancelier de l'Echiquier, d'un président et d'autres membres nommés par la reine. Le président seul reçoit un traitement de l'Etat. Les commissaires choisissent deux secrétaires; ils nomment en outre, de concert avec les lords de la trésorerie, les inspecteurs et autres employés de l'administration centrale, et ils font les règlements spéciaux nécessaires pour le service. Mais les règlements généraux et, comme on dit en France, d'administration publique, doivent être soumis au Parlement.

On voit qu'en cette matière l'autorité centrale a un grand pouvoir, et que les administrations locales lui sont entièrement subordonnées. Cela tient à ce que la taxe des pauvres est un des impôts les plus considérables de l'Angleterre. En 1856-57, le compte général de cette taxe s'est élevé, pour l'Angleterre et le pays de Galles seulement, à 8,369,210 livres sterling, dont 1,425,062 livres pour Londres. — 885,000 pauvres avaient été secourus, soit un peu plus de 4 pour 100 de la population, qui était alors de 19,207,000 habitants [1].

Indépendamment de la taxe levée dans chaque paroisse, l'Etat, dans des cas exceptionnels, lorsque les ressources des localités sont tout à fait insuffisantes, accorde des subventions; il est distribué de cette manière environ 300,000 ou 400,000 livres annuellement aux paroisses les plus pauvres. Celles-ci peuvent être réunies à d'autres en *union* et administrées en commun. Mais c'est l'exception, chaque paroisse étant tenue de pourvoir aux dépenses de ses habitants. L'administration des pauvres, dans toutes les paroisses, réside dans un comité de gardiens ou maîtres des pauvres (*board of guardians*), dont le nombre est fixé par la commission centrale.

Les maîtres des pauvres sont élus pour cinq ans par les propriétaires et les occupants (*occupiers*) de biens imposés à la taxe des pauvres dans la paroisse. Les juges de paix domiciliés dans leur paroisse sont de droit membres du comité. Les fonctions de maîtres des pauvres sont gratuites.

Nul n'est admis à voter pour l'élection des maîtres des pauvres s'il n'a payé la taxe pendant l'année précédente. Les propriétaires ou occupants ont droit à une voix pour un bien d'un

[1] Depuis cette époque, si l'on s'en rapportait au discours de M. Bright, prononcé au meeting de Glascow le 17 octobre 1866 (*Journal des Débats* du 19 octobre suivant), le nombre des pauvres recevant, dans le pays de Galles et en Angleterre, des secours, aurait été de plus de 1,200,000 en 1865, tandis que le produit de la taxe se serait abaissé à 7,300,000 livres sterling.

revenu annuel inférieur à 50 livres ; de 50 à 100 livres, ils ont droit à deux voix, et ainsi de suite en augmentant d'une voix par 50 livres, jusqu'à 250 livres et au-dessus, revenu qui donne droit à six voix, *maximum* qui ne peut être dépassé.

Les conditions d'éligibilité sont établies par les règlements faits par la commission centrale.

Le comité des maîtres des pauvres d'une paroisse est considéré comme *personne civile :* il nomme les employés, mais ce sont les commissaires de la loi des pauvres siégeant à Londres qui fixent les traitements.

Les maîtres des pauvres de chaque paroisse ou union pourvoient aux besoins des pauvres au moyen du produit de la taxe locale. Ils déterminent le montant de cette taxe soit pour l'année entière, soit pour un moindre intervalle de temps.

Cette taxe a pour base le revenu net imposable des terres, maisons, mines, houillères, bois taillis, etc., situés sur le territoire de la paroisse ou union de paroisse. Elle est due par tous les propriétaires et occupants, c'est-à-dire par quiconque détient la propriété, la jouissance ou la possession du bien. Mais il est à noter que lorsque l'occupant, par exemple le fermier, est imposé, le propriétaire ne doit pas l'être, le même bien ne devant pas être taxé deux fois. Les rôles des biens imposables sont dressés par les inspecteurs des pauvres : s'il y a contestation sur le revenu assigné au bien, on a recours à des experts. Ces rôles sont publiés, afin que les intéressés puissent réclamer, et ensuite ils sont rendus exécutoires par ordonnance de deux juges de paix du comté. Les réclamations sont portées devant les cours de justice.

Il n'y a point d'avertissement de payer, comme en France, envoyé au contribuable : le recouvrement est effectué à son domicile par les inspecteurs des pauvres, assistés, au besoin, par des juges de paix. Dans les grands centres de population, il y a des collecteurs de la taxe, instituées par la commission centrale.

En cas de non-payement, le recouvement est exigé par voie de saisie et de vente des biens du redevable, sur l'ordonnance de deux juges de paix, rendue à la requête de l'inspecteur des pauvres. Le redevable en retard peut même être retenu en prison jusqu'à ce qu'il ait payé. En cas d'insolvabilité constatée, les poursuites cessent, et les cotes devenues irrécouvrables sont réparties, pour l'année suivante, sur tous les contribuables de la paroisse.

Les comptes de la taxe sont rendus par l'inspecteur ou par le collecteur au comité des maîtres des pauvres de chaque paroisse ou union ; mais le comité peut nommer un auditeur chargé de leur vérification, et le public est appelé par affiches à contrôler l'exactitude et la sincérité desdits comptes. En cas de contestation, le comptable a le droit de se pourvoir devant la commission centrale, ou devant la cour du Banc de la Reine, selon les circonstances. Les comptes approuvés sont imprimés, et un exemplaire en est adressé à la commission centrale, qui les vérifie de nouveau, et présente chaque année un rapport au Parlement sur l'ensemble de ce service.

Ainsi, la taxe des pauvres est soumise en dernier ressort au contrôle de l'autorité supérieure centrale et même du Parlement. C'est la seule branche de l'administration des paroisses qui soit ainsi subordonnée : tous les autres services sont administrés sans contrôle par les autorités locales. Voici leur désignation sommaire :

1° *Service du culte de l'Eglise établie.* — Il est administré par deux marguilliers élus par l'assemblée du *vestry* de la paroisse, de la même manière que les maîtres des pauvres. Leurs fonctions sont gratuites : dans les grandes villes, le *vestry* leur adjoint un secrétaire, un trésorier et d'autres agents salariés.

Les marguilliers sont constitués en corporations qui peuvent recevoir, vendre et posséder. Ils pourvoient aux dépenses des églises au moyen de la location des stalles ou places (*pew rate*) et autres redevances appartenant à ces établissements. Mais le revenu du bénéfice ecclésiastique, c'est-à-dire, comme en France avant la révolution de 1789, les revenus et dîmes des biens attachés aux églises, appartient au recteur (*clergyman*) de la paroisse.

Le *vestry* peut autoriser la perception d'une taxe d'Eglise (*Church rate*) lorsque les autres ressources sont insuffisantes. Sa quotité ne peut excéder un shilling par livre du revenu annuel des propriétés imposables, qui sont les mêmes que pour la taxe des pauvres. Le recouvrement, les poursuites et les réclamations s'effectuent de la même manière que pour cette dernière taxe ; mais il importe de faire remarquer que la taxe d'Eglise n'est pas obligatoire, comme celle des pauvres, pour tous les contribuables ; elle ne peut être levée lorsque la majorité du *vestry* de la paroisse s'y oppose, et, dans ce cas, les marguilliers ne peuvent avoir recours qu'à des cotisations volontaires. Comme il existe en Angleterre, en dehors de l'Eglise établie (anglicane), un grand nombre de dissidents, il s'y rencontre beaucoup de paroisses qui ne sont pas imposées à la taxe de l'Eglise.

2° *Administration des cimetières.* — Il y a en Angleterre trois sortes de cimetières : 1° ceux appartenant aux paroisses ; 2° ceux dépendant des églises, des temples et des synagogues d'un culte autre que celui de l'Eglise établie ; 3° et enfin ceux qui sont la propriété des compagnies autorisées à cet effet par actes du Parlement.

L'administration des cimetières des paroisses est confiée à un comité d'inhumation nommé par le *vestry*, et dont fait partie le ministre du culte. Les dépenses sont couvertes par les droits d'enterrement, et, en cas d'insuffisance, elles sont prélevées sur la taxe des pauvres.

3° *Service de la voirie paroissiale.* — En Angleterre et dans le pays de Galles, les voies de communication se divisent en deux classes : 1° les routes à barrières (*turn pike roads*), qui comprennent les communications les plus importantes et qui sont administrées à part, sous l'autorité de commissions locales (*boards of trustees*) instituées par actes du Parlement ; 2° et les routes paroissiales (*cross-roads or highways*), qui sont à la charge des paroisses qu'elles traversent, en exécution d'une loi de Guillaume IV, actes V et VI, chap. L, 1835.

Dans chaque paroisse, le *vestry* nomme un inspecteur de ces routes (*surveyor*), dont les fonctions sont annuelles et gratuites. Plusieurs paroisses peuvent se réunir pour faire cette nomination, et les routes qui les traversent sont administrées en commun. Dans ce cas, la taxe des routes (*highway rate*) est répartie sur toutes les paroisses intéressées. Cette taxe est établie sur les mêmes bases que celle des pauvres, et le taux en varie suivant les localités. Les comptes en sont rendus par l'inspecteur aux juges de paix du comté, réunis en session spéciale.

4° *Service de l'éclairage.* — Les paroisses peuvent pourvoir à cette dépense au moyen d'une taxe spéciale (*lighting rate*), établie par le *vestry* sur toutes les propriétés imposables à la taxe des pauvres, avec cette différence que les propriétés bâties payent trois fois autant que les autres. L'inspecteur de l'éclairage est choisi par le *vestry;* ses fonctions sont gratuites, et il rend ses comptes au *vestry*, comme pour la taxe des pauvres.

Ce que je viens d'exposer relativement aux services du culte de l'Eglise établie, des cimetières, des routes et de l'éclairage, ne s'applique qu'aux paroisses qui ont conservé les anciens errements d'administration, auxquels les populations anglaises sont si attachées. Mais, depuis les trente dernières annees, le Parlement s'est efforcé de faire pénétrer l'unité dans l'administration des paroisses, bourgs et autres lieux, sans toutefois gêner les droits des habitants, qui restent libres de se conformer à ses actes ou de conserver leurs anciennes traditions.

Commissions locales. — Une loi du 10 septembre 1835 a commencé par organiser les bourgs municipaux, sur lesquels je reviendrai, en instituant dans chacun d'eux un conseil chargé de l'administration des services municipaux. Depuis, cette règle a été étendue par plusieurs actes du Parlement aux localités autres que les bourgs municipaux, et l'acte sur l'administration locale (*local government act*), de 1858, a permis d'appliquer ses dispositions : 1° dans les bourgs lorsque le conseil municipal le demande ; 2° dans les localités qui ont un comité, ou une commission chargée des améliorations par décision de ce comité; 3° dans les autres lieux, par suite de la résolution exprimée par la majorité des propriétaires et autres contribuables, réunis en assemblée générale. Toutefois, en cas de réclamations, cette résolution ne devient définitive que si elle a été approuvée par le ministre de l'intérieur, qui, lorsque la majorité des habitants le demande, a le droit de diviser la localité en sections (*wards*).

Lorsque l'acte de 1858 a été adopté, l'administration municipale réside dans une commission locale, élue par les contribuables, comme pour l'élection des maîtres des pauvres. Néanmoins, dans les localités où il existe une commission d'amélioration (*board of improvement*) instituée par un acte spécial du Parlement, cette commission remplit l'office de celle qui devrait être constituée en exécution de l'acte de 1858. Dans l'un et l'autre cas, la commission locale a dans ses attributions les principaux services, tels que l'éclairage, la voirie, l'approvisionnement et la distribution d'eau, les secours contre l'incendie, la salubrité, les bains, lavoirs et marchés publics, etc. Pour faire face aux dépenses, la commission fait percevoir les redevances et droits établis : en cas d'insuffisance, elle a recours à la taxe générale de district (*general district rate*), dont le produit s'applique aux services ci-dessus mentionnés, et qui est établie de la même manière que la taxe des pauvres.

La commission a même le droit de contracter des emprunts pour travaux d'utilité publique, mais seulement avec l'autorisation du ministre de l'intérieur. La dette ne doit pas dépasser la totalité des revenus d'une année des propriétés imposables du district, et la durée de l'emprunt ne peut pas s'étendre au delà de trente ans. Le remboursement doit en être assuré par des annuités ou autrement. Bien que les commissions locales soient considérées comme personnes civiles, elles ne peuvent recourir à l'expropriation pour utilité publique qu'après avoir obtenu l'autorisation du Parlement.

Les comptes sont rendus par les collecteurs ou inspecteurs des différents services à un auditeur désigné par la commission, à peu près de la même manière que ceux de la taxe des pauvres.

Telles sont les principales attributions des commissions instituées conformément à l'acte de 1858.

Bourgs municipaux. — Les bourgs municipaux comprennent les principales villes de l'Angleterre, Londres excepté. Leur administration a été organisée sur des bases uniformes par l'acte du 10 décembre 1835 (Guillaume IV, chap. LXVI, art. 5, 6). Cette loi a institué un conseil municipal dans chaque bourg (*municipal borough*), et elle lui a remis la gestion des affaires locales.

Le conseil se compose d'un maire, d'*aldermen* et de conseillers, dont le nombre varie selon la population, ou d'autres circonstances déterminées par la loi.

Les bourgs sont divisés généralement en sections, à chacune desquelles est assigné un certain nombre de conseillers et d'*aldermen*.

Les conseillers sont nommés par les bourgeois (*burgesses*) du bourg, ou de la section à laquelle ils appartiennent, pour trois ans, et ils sortent par tiers chaque année. Pour être éligible, il faut : 1° être porté sur la liste des bourgeois ; 2° posséder au moins 1,000 livres (25,000 fr.) de capital, ou être imposé à la taxe des pauvres à raison d'un revenu de 30 livres, dans les bourgs divisés en quatre sections ; et posséder 500 livres de capital, ou payer la même taxe à raison d'un revenu de 15 livres, dans les autres bourgs.

Les *aldermen* sont nommés par les conseillers pour six ans, et sont renouvelés par moitié tous les trois ans.

Le *maire* est choisi chaque année par les conseillers et les *aldermen*, dont il doit faire partie : ses fonctions ne sont pas gratuites. Par le fait de son élection de maire, il devient de droit juge de paix pour le bourg, pendant deux années, bien qu'il ne soit maire que pour un an.

Le droit de bourgeoisie ou d'élection municipale appartient à tous les habitants ayant résidence réelle dans le bourg, ou dans un rayon de sept milles (environ 12 kilomètres), imposés à la taxe des pauvres, et ayant occupé pendant trois années consécutives une maison, un comptoir ou un magasin.

Les élections sont présidées par le maire, assisté de deux assesseurs désignés par les électeurs.

Le maire, les *aldermen*, les conseillers et les assesseurs élus sont tenus, sous peine d'amende de cent livres pour le premier, et de cinquante livres pour les autres, d'accepter leur mandat. En cas de faillite, les personnes élues sont déchargées de leurs fonctions et considérées comme démissionnaires.

Le conseil municipal du bourg nomme et révoque le secrétaire, le trésorier et les autres employés. Il pourvoit aux différents services précédemment indiqués, et, en outre, il est tenu d'entretenir des asiles pour les aliénés, concurremment avec les hospices et les comtés. Il doit aussi subvenir aux dépenses des magistrats et cours de justice du bourg.

Pour l'acquit de tous ces services, l'acte de 1835 a établi le fonds du bourg (*borough fund*), dont le produit est versé dans la caisse du trésorier du bourg. Ce fonds se compose des droits, revenus et péages propres à la localité ; en cas d'insuffisance, le conseil peut voter la taxe du bourg (*borough rate*), qui est répartie entre les sections, proportionnellement à leur revenu imposable, et dont le recouvrement s'opère comme celui de la taxe des pauvres. En outre, il est levé une taxe spéciale pour les asiles d'aliénés (*lunatic asylum's rate*), et une autre pour le service de la police du bourg (*watch rate*), que le gouvernement a le droit de faire surveiller.

Enfin, différentes autres taxes peuvent être établies dans les bourgs municipaux, soit par le conseil municipal, soit par le Parlement lorsqu'il autorise des entreprises d'améliorations, telles que l'éclairage, le pavage, les égouts, la distribution d'eau, etc.

Les recettes de toutes les taxes sont centralisées entre les mains du trésorier du bourg, qui rend ses comptes chaque année à des auditeurs élus à cet effet, assistés d'un alderman ou d'un conseiller délégué par le maire. Les comptes sont rendus publics par la voie de l'impression. Ils sont affichés, et tout contribuable a le droit de les critiquer, et même d'attaquer les comptables devant les tribunaux. De plus, lorsqu'ils ont été approuvés, ils sont adressés au secrétaire d'Etat de l'intérieur, qui doit les transmettre aux deux Chambres du Parlement.

Il résulte de ce qui précède, que ni les paroisses, ni les bourgs ne connaissent les octrois municipaux imposant des droits d'entrée sur les denrées alimentaires et autres objets de consommation, spécifiés dans les tarifs établis à cet effet.

Enregistrement des actes de l'état civil. — Parmi les attributions confiées par les anciennes lois anglaises, soit aux maires, aldermen et conseillers municipaux dans les bourgs, soit aux marguilliers ou autres autorités locales dans les paroisses, on ne trouve nulle part celle de constater les naissances, les mariages et les décès, ce qui constitue en France une des branches les plus importantes des fonctions des maires, officiers de l'état civil.

Jusqu'en 1836, le soin d'enregistrer les naissances, les mariages et les décès était abandonné, en Angleterre, aux ministres des différents cultes, et comme il y en a un très-grand nombre, ce service laissait beaucoup à désirer. Un premier acte, VI-VII, chap. LXXXVI, Guillaume IV, 1836, a amélioré ce régime, qui a été successivement réglé par des lois postérieures.

D'après la législation actuellement en vigueur, un bureau général d'enregistrement (*General register office*) des naissances, mariages et décès est établi à Londres. Il est dirigé par un enregistreur général nommé par la reine, et qui a sous ses ordres d'autres agents commissionnés par les lords commissaires de la trésorerie. Les dépenses des employés et des registres sont à la charge du budget de l'Etat.

Chaque année, l'enregistreur général transmet gratuitement les registres aux paroisses, réunions de paroisses et bourgs, et des agents sont chargés, dans les diverses localités, d'inscrire sur ces registres les actes de l'état civil. Cette inscription peut avoir lieu d'office, d'après les renseignements recueillis. Les parties intéressées, même les tiers, comme les propriétaires, locataires, etc., ont quarante-deux jours pour faire connaître à l'enregistreur les naissances et les mariages, et cinq jours pour les décès.

Les registres sont conservés dans une caisse de fer à deux serrures et à deux clefs, dont l'une reste entre les mains de l'enregistreur local, et l'autre est remise à l'inspecteur du district. Ces registres ne sont pas tenus en partie double, comme l'exige le Code Napoléon ; mais, à la fin de l'année, l'enregistreur est tenu d'en envoyer une copie, certifiée par lui et vérifiée par l'inspecteur, au bureau d'enregistrement général, à Londres, qui centralise ainsi tout l'état civil de l'Angleterre.

Les registres sont, dans chaque localité, à la disposition du public, et les parties ont le droit de se faire délivrer, moyennant deux shillings et demi, copie des actes qui les intéressent.

La loi punit de la peine des parjures ceux qui donnent des indications fausses pour l'enregistrement des naissances, mariages et décès, et des peines sévères sont établies contre les enregistreurs pour assurer la régularité de cet important service. En outre, les enregistreurs sont également chargés de constater la vaccination des enfants, dont la loi anglaise (acte du 20 août 1853) fait une obligation aux parents. Les frais de vaccination sont supportés par la taxe des pauvres.

Telle est, en Angleterre et dans le pays de Galles, l'organisation du service de l'état civil : on y voit que le Parlement s'est efforcé de substituer l'unité, la régularité, au désordre des anciennes traditions, abusives, parce qu'elles étaient sans contrôle.

Pour terminer ce qui a rapport à l'Angleterre et au pays de Galles, il me reste à expliquer la constitution administrative de la ville de Londres, qui comprend deux divisions distinctes :

1° La Cité de Londres ;

2° L'agglomération métropolitaine, c'est-à-dire la réunion de la Cité de Londres et de sa banlieue, dans le rayon déterminé par la loi.

Cité de Londres. — La Cité de Londres est la seule corporation municipale qui ait échappé aux réformes introduites par l'acte de Guillaume IV du 10 décembre 1835. Les anciennes franchises et les remarquables privilèges de cette capitale l'emportèrent alors, dans l'opinion du Parlement et de la Couronne, sur le désir d'améliorer et d'unifier ses principaux services municipaux. Les chartes royales qui régissent la Cité, depuis Edouard le Confesseur, furent donc respectées; mais la métropole tout entière, avec sa banlieue, devint plus tard soumise, ainsi que je l'expliquerai, à une administration uniforme, qui centralise un certain nombre de services municipaux.

La Cité proprement dite ne forme [1], en population comme en superficie, qu'une fraction minime de la métropole.

Tandis que celle-ci contient environ 3 millions d'habitants et 78,000 acres (de 40 ares environ) de superficie, la Cité ne compte au plus que 570 acres et un peu plus de 170,000 habitants. Elle est divisée en 26 sections électorales (*wards*) et renferme 108 paroisses : elle est à la fois municipalité et comté (de Middlesex).

[1] Voici ses limites : au nord, Smithfield, Barbican, Finsbury-Circus ; à l'est, Petticoat-Lane et les Minories; au sud, la rive septentrionale de la Tamise; à l'ouest, Middle-Temple-Lane, Temple-Bar, Southampton-Buildings.

La Cité est gouvernée, plutôt qu'administrée, par une corporation composée d'un conseil commun (*common council*), dont font partie le lord-maire, vingt-six aldermen et deux cent six conseillers (*common councilmen*), institués de la manière suivante :

Le lord-maire est élu chaque année le 29 septembre, jour de la fête de saint Michel, et il doit être choisi parmi les aldermen qui ont rempli les fonctions de shérif. Il est élu par le conseil des aldermen, présidé par le lord-maire sortant, sur la présentation de deux candidats, faite par la *livery*, ou assemblée des maîtres et membres des corps des métiers de la Cité, au nombre d'environ vingt mille.

Le lord-maire est le premier magistrat de la Cité : il préside plusieurs cours de justice, dont la plus importante est celle du lord-maire et des aldermen, qui connaît, en matière civile, de toutes les actions personnelles et mixtes, sans limite de valeur : de plus, par le fait de sa nomination, il devient premier juge de paix de la Cité ; il jouit, en outre, de plusieurs priviléges, dont le plus remarquable est d'avoir droit de préséance, dans la Cité, sur tous les membres de la famille royale, le souverain excepté.

Les aldermen sont élus à vie par les assemblées de chacune des vingt-six sections ou *wardmotes* de la Cité, à raison d'un alderman par section. Ces assemblées sont composées d'électeurs (*freemen*), occupant des maisons d'un revenu imposable de plus de dix livres (250 fr.), et payant régulièrement les taxes municipales.

Chaque alderman est le magistrat de la section qu'il représente : il est à la fois administrateur, officier de police judiciaire pour la recherche des délits, et juge pour leur répression.

Le collége des aldermen remplace, pour la Cité, le collége des juges de paix des comtés.

Au point de vue administratif, le lord-maire et les aldermen forment un conseil qui gouverne la Cité, nomme et révoque la plupart de ses employés, dirige, surveille et contrôle tous les services municipaux.

Les conseillers du *common council* sont élus annuellement par les assemblées (*wardmotes*) des sections auxquelles ils appartiennent, en nombre proportionné à la population de leur section et à la somme des biens imposables aux taxes municipales. Mais le conseil commun ne peut comprendre que huit membres du même corps de métier. La condition d'éligibilité est de posséder dans la section une maison d'un revenu imposable de dix livres au moins et d'acquitter les taxes municipales.

Le gouvernement de la Cité de Londres réside réellement dans le conseil commun. Ce gouvernement est indépendant, même du Parlement d'Angleterre, à ce point que, sans l'intervention des deux Chambres et de la Couronne, le conseil commun fait tous les règlements ayant force de loi dans la Cité. C'est ainsi, par exemple, qu'il a pu déterminer les conditions requises pour acquérir et conserver la qualité de citoyen de la cité de Londres, et qu'il a organisé et réglé ses propres attributions et celles des aldermen, sans aucune participation, soit du Parlement, soit de la Couronne.

Il va sans dire qu'en matière de finances les pouvoirs du *common council* sont tout aussi absolus. Il dispose entièrement des fonds de la Cité, dont aucune dépense au-dessus de 100 livres ne peut être faite sans son autorisation. Enfin, il nomme à un grand nombre d'emplois municipaux, toutes les fois que les coutumes ou règlements n'attribuent pas ces nominations au lord-maire ou aux aldermen. On peut donc dire, d'après ce qui précède, que la Cité de Londres est une véritable république, se gouvernant elle-même d'après ses propres lois, sans aucune tutelle supérieure.

Après le lord-maire, les aldermen et les councilmen, les principaux fonctionnaires de la Cité sont :

1° Le *recorder*, élu à vie par le conseil des aldermen : il est le conseil de la Cité dans les affaires contentieuses, même devant le Parlement. Il remplit en même temps, toutes les fois que le lord-maire et les aldermen siégent en cour de justice, des fonctions analogues à celles du ministère public en France, résumant les débats, donnant des conclusions, et, de plus, rédigeant les jugements. Il supplée le lord-maire à la cour centrale criminelle, et après chaque session de cette cour, il rédige les rapports qui doivent être présentés à la reine, sur les condamnations capitales prononcées dans la Cité et dans le comté de Middlesex, et, après avoir pris les ordres de la Couronne, il rend une ordonnance, soit pour une commutation de peine, soit pour l'exécution du condamné. Le recorder peut se faire remplacer par un délégué, mais avec l'approbation de la cour des aldermen.

2° Le sergent municipal (*common serjeant*), nommé par le conseil commun, assiste le recorder et le remplace quelquefois. Il a, ainsi que lui, le droit d'assister au conseil commun et au conseil des aldermen, et il fait partie, comme juge, de la cour centrale criminelle. Il doit accompagner le lord-maire dans les cérémonies publiques, et assister aux élections dans Common-Hall.

3° Le secrétaire municipal (*town clerk*) est également nommé par le conseil commun. Il sert de greffier dans les cours de justice tenues par le lord-maire, et, généralement, toutes les fois que ce magistrat préside une assemblée. Il est conservateur des archives et du sceau de la Cité, que lui seul a le droit d'apposer.

4° L'avoué municipal (*City solicitor*) représente la Cité dans toutes les affaires qui exigent des actes de procédure.

5° Le *remembrancer*, nommé par le conseil commun, est spécialement chargé de faire observer fidèlement le cérémonial, et de faire respecter les anciennes franchises de la Cité. Il a entrée au Parlement pour y suivre les affaires qui peuvent intéresser la corporation, présenter ensuite son rapport soit au conseil commun, soit au collége des aldermen, à l'effet de leur suggérer les mesures propres à sauvegarder les libertés et priviléges de la Cité, même à l'encontre des actes du Parlement.

On sait que les Anglais accordent la plus grande importance aux précédents. Le *remembrancer* garde, comme son nom l'indique, le souvenir, la tradition de tous les anciens actes, de tous les us et coutumes qui peuvent intéresser la corporation de la Cité de Londres. C'est un officier qui n'a peut-être aucun analogue dans les autres pays de l'Europe. Il montre et personnifie, en quelque sorte, le respect que le peuple anglais a conservé pour les anciens usages qui, par suite d'une longue observation, finissent par être acceptés comme de véritables lois.

6° Le trésorier (*chamberlain*) centralise les recettes et les payements et tient la comptabilité de la Cité. Il est ordinairement choisi parmi les anciens lords-maires ou d'autres citoyens présentant toutes les garanties de fortune et de moralité. Il surveille la perception des droits, recettes et taxes qui est effectuée par les collecteurs. Il a le droit d'assister aux conseils de la Cité, ainsi qu'aux séances du Parlement, lorsqu'il y est appelé. Il reçoit le serment des personnes ayant droit aux franchises de la Cité et perçoit la taxe due à cette occasion. Il décide les contestations entre les maîtres, apprentis et ouvriers dans la Cité, et remplit dans cette circonstance l'office de nos conseils de prud'hommes.

7° Le contrôleur, nommé par le conseil commun, surveille les opérations financières du trésorier : il gère les propriétés de la Cité, fait les baux, dresse l'état des biens meubles et immeubles, poursuit les débiteurs, et peut procéder aux ventes à l'encan comme enchérisseur (*auctioner*).

8° Les auditeurs des comptes sont élus par la *livery*, pour l'examen et la révision des comptes, comme dans les bourgs.

9° Le secrétaire des travaux de la Cité, choisi par le *common council*, dresse les plans et devis des travaux à exécuter, surveille ceux entrepris, inspecte les quais, marchés, édifices publics, etc., et fait au conseil des aldermen ses rapports sur les améliorations à introduire.

10° Le *Coroner*, élu par le conseil commun, exerce dans la Cité, sur le cours de la Tamise et dans le bourg de *Southwark*, des fonctions analogues à celles des commissaires de police, procureurs impériaux et juges d'instruction, en France. Ses fonctions sont censées exercées par le lord-maire, *Coroner* de droit dans la Cité.

11° Le greffier de paix (*clerk of peace*) ; il est élu par le conseil commun et est chargé de rédiger les procès-verbaux des sessions des juges de paix, et de conserver les archives.

12° Les deux *sherifs* de la Cité sont élus annuellement : ils ne peuvent exercer leur charge qu'en commun, à ce point que si l'un d'eux vient à mourir, l'autre cesse ses fonctions jusqu'au remplacement du décédé. Les shérifs assistent le lord-maire dans quelques-unes de ses fonctions, et ils surveillent les services municipaux.

Les fonctionnaires dont l'énumération précède sont les principaux officiers de la Cité de Londres; mais il en existe un grand nombre d'autres, d'un ordre inférieur, dans toutes les branches des services administratifs et judiciaires de la corporation, dont la nomination appartient, soit au lord-maire, soit aux aldermen ou au conseil commun.

Revenus de la Cité de Londres. — Ils se composent : 1° du produit des propriétés que la corporation possède en vertu d'anciennes chartes, de donations royales ou particulières, d'actes du Parlement, d'acquisitions, constructions d'édifices, etc.

Parmi ces produits, on remarque, comme dérivant du droit féodal et des idées du moyen âge, ceux des propriétés confisquées pour crime de félonie, les épaves (*strays*), trésors trouvés (*deodands*), toutes les amendes et confiscations pour meurtres et délits commis dans la Cité, à l'exception de l'amende encourue par le lord-maire, les aldermen et les shérifs qui refusent d'accepter leurs fonctions, laquelle appartient au trésor royal;

2° Du droit de licence de cinq livres, dû annuellement par les courtiers;

3° Du droit payé pour l'admission à la franchise de la Cité (*freedom of London*);

4° Du droit que les apprentis payent chez un maître du corps des métiers.

Ces différentes ressources s'élèvent annuellement à environ 140,000 livres sterling, en y comprenant la taxe de section levée pour couvrir les dépenses des assemblées électorales (*wardmotes*);

5° Taxes indirectes, savoir :

Droits sur la houille, frappée à son entrée dans Londres d'un droit d'un shilling et un penny par tonne. Les quatre treizièmes de ce produit appartiennent à la Cité et doivent être appliqués à l'amélioration de ses rues; les neuf treizièmes restants sont remis au gouvernement, qui doit les employer à des travaux d'amélioration en dehors de la Cité, mais dans la métropole. Cet impôt est dû dans un rayon de dix milles à partir du bureau central des postes. Un comité spécial nommé par le conseil commun administre cette branche de revenus, la plus importante de la Cité, qui produit annuellement environ 250,000 livres.

Les autres taxes indirectes consistent en droits de pesage et mesurage sur les grains et les fruits ; droits sur les vins ; droits de tonnage sur les bâtiments qui entrent dans le port de Londres. Ces différents produits s'élèvent par an à environ 50,000 livres.

Tels sont les revenus propres de la Cité ; d'après les chiffres qui précèdent, leur importance serait de.	440,000 liv. st.
Mais il convient d'ajouter à cette somme celle d'environ.	300,000 »
représentant le produit des taxes suivantes, qui sont levées et administrées à part, en vertu d'autorisations du Parlement ou de lois spéciales, par des commissions instituées à cet effet, savoir : la taxe des pauvres, celle des églises, celle de la police, celle des égouts et aqueducs, la taxe consolidée, celle pour l'assainissement de la Tamise, et la taxe métropolitaine.	
De telle sorte que les diverses ressources qui servent à payer les dépenses correspondantes de la Cité de Londres peuvent s'élever annuellement à soit 18,500,000 francs.	740,000 liv. st. [1]

Mais, ainsi que je l'ai précédemment fait remarquer, la Cité n'est qu'une minime partie de la ville de Londres ; il convient donc d'expliquer maintenant l'organisation administrative de la vaste agglomération connue légalement sous le nom de « métropole. »

Métropole. — On entend par « métropole » la circonscription déterminée par l'acte XVIII-XIX, Victoria, chap. cxx, 1855. Elle comprend la Cité de Londres et des fractions des comtés de Middlesex, Surrey et Kent. Elle est divisée en 38 districts, administrés chacun par une commission de district (*Board of Works*). La Cité forme à elle seule un district, ainsi que les paroisses les plus importantes. Dans la Cité, il y a une commission des égouts (*commissioners of sewers*), qui administre le dis-

[1] Ce chiffre remonte à plusieurs années ; il doit être actuellement plus considérable.

trict. Dans les paroisses formant chacune un district, cette commission est remplacée par le *vestry*. Enfin, l'administration de toute la métropole est placée sous la direction d'une commission dite *Metropolitan Board.*

Les membres de cette commission, au nombre de quarante-trois, sont élus, dans des proportions déterminées, pour trois ans, par les commissions du district et par les *vestries* qui en ont les attributions. La commission choisit son président, dont le traitement est de 1,500 à 2,000 livres, ainsi que les secrétaires, trésoriers, inspecteurs, etc.

La commission métropolitaine a été instituée principalement dans le but de pourvoir aux améliorations aussi importantes que variées que pouvait réclamer l'immense agglomération de Londres et de sa banlieue. Elle est chargée du soin d'ouvrir des rues nouvelles, d'élargir, aligner et niveler les anciennes, de construire les égouts collecteurs et d'y réunir les égouts secondaires, de désigner les noms des rues, le numérotage des maisons, d'autoriser leur construction, de donner les alignements, etc.

Afin de pourvoir aux dépenses occasionnées par ces différents services, la commission fixe la somme dont elle a besoin, et la répartit, chaque année, au moyen de la taxe métropolitaine, sur tous les districts de son ressort.

En outre, une loi du 2 août 1858 a investi la commission des travaux d'assainissement de la Tamise, évalués à 5 millions et demi de livres, et l'a autorisée à emprunter, sous la garantie de l'Etat, la somme nécessaire. Cet emprunt a été stipulé remboursable en quarante ans, au moyen d'une taxe spéciale, dite *metropolitan main drainage rate*, de trois *pence* de revenu, sur les propriétés situées dans la métropole. Les travaux, avant d'être mis à exécution, doivent être approuvés par l'administration supérieure de la marine et par les commissaires de la Tamise.

Ces commissaires ont été institués par l'acte XX-XXI, Victoria, chap. CXLVII, 1857. Ils sont chargés de l'administration de la Tamise et du port de Londres, sous le nom de *conservators of the river Thames*. Ils sont au nombre de douze, savoir : le lord-maire, deux aldermen et quatre conseillers nommés par le *common council* de la Cité ; le maître délégué (*deputy master*), et un autre membre de la corporation de *Trinity House*, de Deptford ; deux membres désignés par les lords de l'amirauté, et un membre nommé par le bureau du commerce (*Board of Trade*). La commission est présidée par le lord-maire : elle nomme un secrétaire, des ingénieurs, un trésorier et d'autres agents inférieurs. Elle perçoit le droit de tonnage exigé de tout navire qui entre dans le port de Londres ou qui en sort, à l'exception des caboteurs, dans les cas déterminés, des navires de pêche, de ceux employés exclusivement au transport des voyageurs, des bâtiments de guerre, et des vaisseaux marchands qui entrent sans débarquer leur cargaison. En 1856, ce droit, perçu alors au profit de la Cité, avait été de 17,977 livres ; son produit est plus considérable aujourd'hui. Il doit être employé à l'amélioration de la navigation du fleuve, et il forme un fonds administré à part des taxes métropolitaines.

Indépendamment de la commission supérieure, qui administre les principaux services de tout l'ensemble de la métropole, chaque paroisse, même dans la Cité, a son administration spéciale, qui réside dans une commission nommée annuellement, soit par le *vestry* de la paroisse, soit par les *householders*, habitants imposés à la taxe des pauvres. Dans la Cité, le conseil commun désigne chaque année les membres de cette commission, dont font partie de droit le lord-maire, le sergent municipal et un conseiller élu par section. La commission a dans ses attributions le pavage, le nettoyage et l'arrosement des rues, l'entretien des égouts, l'éclairage, l'établissement des cimetières, etc. Elle détermine annuellement le montant des taxes exigées pour ces différents services, et qui sont levées comme la taxe des pauvres.

Les comptes sont vérifiés à la fin de chaque exercice, savoir : ceux de la commission métropolitaine, par un auditeur désigné par le gouvernement ; ceux des commissions de district, par trois personnes élues par chaque commission parmi les auditeurs des comptes des paroisses du district ; et les comptes des *vestries* par les auditeurs de la paroisse, qui sont eux-mêmes élus par les électeurs de la paroisse. Les comptes des *vestries* et des commissions de district sont communiqués à la commission métropolitaine, qui les transmet avec le sien et ses observations à l'un des secrétaires d'État pour être mis sous les yeux du Parlement.

Il résulte de ce qui précède que la métropole est administrée : 1° par la commission supérieure métropolitaine, qui pourvoit aux services d'intérêt général au moyen de la taxe métropolitaine, et au service spécial de l'amélioration de la Tamise par une taxe particulière ;

2° Et par des commissions de district, tant pour la Cité qu'en dehors, chargées de pourvoir à différents services d'un intérêt local, moyennant des taxes établies sur les intéressés.

Il me reste à exposer l'organisation du service de la police, tant dans la Cité que dans la métropole.

Dans la Cité, la police est dans les attributions d'une commission supérieure nommée par le *common council*, lequel fait les règlements, nomme certains officiers et même un commissaire en chef, mais sous l'approbation de la Couronne.

Il y a dans chaque section de la Cité une commission chargée de la surveillance de la police, et qui est composée de l'alderman et des conseillers de la section, d'un secrétaire nommé par elle et de bedeaux choisis par la commission supérieure. Les traitements du secrétaire et des bedeaux sont fixés par les électeurs de la section et répartis sur toutes les sections par la commission supérieure.

Les dépenses de la police sont supportées par les recettes générales de la Cité jusqu'à concurrence du quart, et pour les trois autres quarts par une taxe spéciale, qui ne peut excéder huit pence par livre du revenu imposable à la taxe des pauvres.

Dans la métropole, le gouvernement nomme, pour diriger la police, un commissaire en chef et deux commissaires adjoints ; il nomme également un receveur qui centralise les dépenses et les recettes de ce service, et parmi ces dernières figure une taxe levée dans la même proportion que dans la Cité.

Une observation curieuse à noter, c'est que le commissaire en chef et le receveur ne sont pas éligibles comme membres de la Chambre des communes, et qu'il leur est même défendu, ainsi qu'à tous les autres agents et officiers de police, de prendre part au vote pour les élections au Parlement dans la métropole.

Cette même défense est faite au juge de police, sous peine d'amende, et il lui est également interdit d'influencer les votes. Dans la métropole, ce magistrat, le greffier et les autres officiers sont nommés par le gouvernement.

Dans la Cité, les fonctions de tribunal de police sont remplies par deux aldermen délégués par leurs collègues.

Telle est l'organisation administrative de la cité de Londres et de la métropole, et l'on voit que cette organisation est à la fois générale et spéciale. Le grand nombre d'autorités doit y faire naître souvent des conflits d'attributions nuisibles à la prompte expédition des affaires, ainsi qu'à l'exécution des grandes entreprises d'utilité publique. Mais le zèle, le dévouement des administrateurs, à tous les degrés, est stimulé par le contrôle exercé sur leurs actes par les électeurs qui les ont nommés; car, il ne faut pas l'oublier, depuis le lord-maire jusqu'aux plus humbles membres des commissions de district, tout le pouvoir d'administrer, d'établir des taxes, d'en appliquer le produit aux dépenses des différents services, de vérifier et d'arrêter les comptes, tout ce pouvoir repose sur le mandat confié par les électeurs.

II

Écosse.

Longtemps après son annexion à l'Angleterre, le royaume d'Ecosse conserva une sorte d'autonomie, et le droit d'avoir un Parlement séparé ayant pouvoir de faire des lois; mais l'acte d'union du 1er mai 1707 a effacé les derniers restes d'indépendance que possédait encore la patrie des Stuarts, en faisant de l'Angleterre et de l'Ecosse un seul royaume, sous le nom de Grande-Bretagne, avec un seul Parlement siégeant à Londres, et une uniformité complète de la législation générale. Toutefois, les lois privées écossaises furent respectées, ainsi que ses magistratures et les franchises ou priviléges de ses bourgs royaux. Enfin le presbytérianisme dut continuer à y être considéré comme Eglise nationale.

Les municipalités sont divisées, en Ecosse, en bourgs et en paroisses.

Ces dernières, beaucoup plus nombreuses que les bourgs, sont administrées, savoir : 1° par un comité dit *Kirk Session*, composé du ministre presbytérien, des diacres et des anciens, et spécialement investi de la gestion de tout le temporel de ce culte et de la direction des écoles qui en dépendent ; 2° par une commission chargée de l'administration des pauvres de la paroisse et de tous les autres services locaux.

La création de cette commission remonte seulement à un acte du Parlement du 10 août 1845, lequel, sur les réclamations réitérées des catholiques et des autres dissidents opposés aux presbytériens, a enlevé à ces derniers la gestion exclusive de presque tous les services municipaux.

Les membres de la commission paroissiale sont élus, comme en Angleterre, par les contribuables à la taxe des pauvres ; et les taxes pour subvenir aux dépenses locales sont levées sur les revenus des immeubles, selon l'évaluation qui doit en être faite.

Plusieurs paroisses peuvent se réunir pour la taxe des pauvres. Un revenu de vingt livres donne le droit d'être électeur, et chaque revenu de vingt livres en sus ajoute une voix, sans qu'en totalité chaque électeur puisse en posséder plus de six.

Tous les actes relatifs à la taxe des pauvres sont placés sous la surveillance d'une commission supérieure, qui siége à Edimbourg, et qui est investie d'attributions fort étendues. Le recouvrement de la taxe, son emploi, les comptes qui doivent en être rendus chaque année sont réglés comme en Angleterre. — Il est à remarquer qu'en Ecosse un acte de 1854 autorise les paroisses à ajouter à la taxe des pauvres le *quantum* nécessaire pour les frais et honoraires de l'enregistrement local des actes de l'état civil[1].

L'organisation actuelle des bourgs écossais, comme municipalités, ne remonte qu'à une loi de Guillaume IV de 1833, complétée par des actes plus récents.

Avant ces lois, de très-graves abus s'étaient introduits et perpétués dans l'administration des bourgs, à ce point que les propriétés immobilières très-considérables que possédaient ces

[1] Le produit de la taxe des pauvres s'élevait, il y a plusieurs années, en Écosse, à environ 700,000 livres.

localités avaient été en partie aliénées, en partie grevées de dettes énormes. Ce fait, attesté dans le rapport des commissaires nommés par le Parlement pour l'enquête qui a précédé la réforme de 1833, prouve que la liberté absolue laissée aux autorités locales n'est pas exempte d'inconvénients. Pour empêcher le renouvellement de ces abus, l'Acte du Parlement a déterminé l'organisation et les attributions des corporations municipales des bourgs. Chacun d'eux est administré par un conseil composé d'un prévôt, de baillis et de conseillers, tous également élus par le corps électoral du bourg, composé des électeurs inscrits sur les listes parlementaires. Tout électeur est éligible comme conseiller : ces derniers sont renouvelés par tiers chaque année ; le prévôt et les baillis restent en fonctions pendant un an, et ils sont choisis par les conseillers du bourg. Seulement, dans certains bourgs, les corporations des métiers sont représentées au conseil par des délégués nommés par elles.

Les attributions des conseils des bourgs peuvent être rangées en quatre catégories : 1° l'administration des biens et revenus propres du bourg ; 2° le soin de rendre la justice dans les limites déterminées par la loi ; 3° la police urbaine et l'arrestation des malfaiteurs ; 4° la voirie, les égouts, l'éclairage, les distributions d'eau, la salubrité, l'approvisionnement des denrées, etc. Chacun de ces services a son revenu particulier, représenté le plus souvent par une taxe assise sur les propriétés foncières des habitants du bourg. C'est le conseil municipal qui nomme les assesseurs chargés de dresser les rôles d'évaluation de ces taxes Dans quelques bourgs, en petit nombre, par exemple à Edimbourg, il y a des droits locaux qui ont beaucoup d'analogie avec nos droits d'octroi. Tels sont : 1° le droit de commutation établi sur toute marchandise, fruits, légumes, etc., importée dans cette ville par cheval ou voiture ; 2° et un autre droit, perçu à l'entrée et à la sortie, sur les chevaux et autres bêtes de somme, bœufs, moutons et porcs introduits sur son territoire. Mais ces droits indirects sont très-rares en Ecosse.

Les conseils des bourgs peuvent, indépendamment des taxes applicables aux services municipaux, contracter des emprunts pour subvenir à certaines dépenses : dans ce cas, le service de ces emprunts doit être assuré par un prélèvement annuel de

5 pour 100 des revenus imposables du bourg, sans que la quotité puisse dépasser 2 shillings et demi ou 1 shilling et demi par livre, selon qu'un service d'approvisionnement d'eau est ou n'est pas établi dans le bourg, condition qui montre quelle importance nos voisins attachent à la distribution d'eau dans les villes.

Les comptes des recettes et dépenses des bourgs sont revisés par des auditeurs élus par les contribuables, comme en Angleterre, et doivent être envoyés au ministre de l'intérieur, qui en donne communication au Parlement.

III

Irlande.

L'Irlande a conservé plus longtemps que l'Ecosse son Parlement, qui siégeait à Dublin, et qui avait le droit de faire des lois et règlements particuliers. Mais plusieurs tentatives de séparation, encouragées par des expéditions venues de France, déterminèrent le gouvernement anglais à annexer complétement l'Irlande à l'Angleterre et à l'Ecosse. L'acte d'union du 26 mai 1800 a supprimé le Parlement irlandais, en accordant à l'Irlande des représentants aux deux Chambres siégeant à Londres. Mais les franchises municipales irlandaises furent alors respectées, et ce n'est qu'en 1840 que l'administration des bourgs et des paroisses a subi dans ce pays une réforme radicale. Elle a été motivée par la difficulté qu'éprouvaient les catholiques, nonobstant l'acte d'émancipation de 1829, à exercer leurs droits dans les paroisses et dans les bourgs. Bien que cet acte eût déclaré les catholiques éligibles à toutes les fonctions publiques, les protestants refusaient de les admettre dans les corporations municipales. Pour faire cesser cet abus et d'autres semblables, une loi de 1840 a divisé les anciennes corporations des bourgs possédant des chartes en trois classes, savoir :

1° Les bourgs ayant un conseil municipal composé d'un maire, d'aldermen et de conseillers ; 2° les bourgs administrés par des commissions municipales ; 3° et les villes et bourgs assimilés aux simples paroisses et administrés comme elles.

Il y a en outre une autre différence entre les bourgs, c'est que quelques-uns d'entre eux ont le rang de comté, comme Dublin, qui est à la fois bourg et comté, et dont l'administration comprend celle autorisée dans l'une et l'autre circonscription.

Dans les bourgs de première classe, divisés en sections (*wards*), le maire, les aldermen et les conseillers sont nommés par les électeurs, comme dans les bourgs municipaux anglais : il en est de même des assesseurs et des auditeurs des comptes.

Le maire et les autres représentants du bourg doivent accepter leur mandat sous peine d'amende : disposition qui rappelle l'obligation imposée par le sénat et les empereurs romains aux bourgeois des villes des provinces conquises de remplir les fonctions de décurions ou édiles de ces villes.

Le conseil municipal nomme les employés du bourg ; il peut instituer des commissions pour des services spéciaux, c'est-à-dire qu'il peut autoriser une réunion de citoyens du bourg à gérer sous sa surveillance des services dits d'amélioration, et soutenus par des fonds spéciaux (*improvement fund*).

Dans les bourgs de la deuxième classe, il n'y a que des commissaires municipaux, élus à raison d'un par cinq cents habitants. Ils sont chargés de diriger tous les services locaux.

Les bourgs de troisième classe sont assimilés aux paroisses et administrés comme celles-ci, ainsi que je vais l'expliquer. Mais je dois faire connaître d'abord qu'indépendamment de l'organisation municipale des bourgs précédemment indiqués, un acte de 1854, intitulé : *Pour l'amélioration des villes* (*Towns improvement*), a autorisé les villes d'Irlande à établir ou améliorer certains services, tels que pavage, macadam, éclairage, distribution d'eau, etc., au moyen de commissions locales. Ces commissions sont nommées par les électeurs, sur la réclamation d'au moins vingt et un habitants, *householders*, et après convocation du corps électoral autorisée par le lord lieutenant d'Irlande, qui désigne, parmi les commissaires élus, un président remplissant l'office de juge de paix pour tout ce qui se rattache à l'exécution de l'entreprise ou service voté. Les commissions ainsi constituées lèvent des taxes générales sur tous les habitants de la ville, et spéciales, si l'entreprise n'intéresse qu'un certain nombre de particuliers. Comme partout, les comptes sont vérifiés par des auditeurs élus *ad hoc*; ils sont imprimés et peuvent être contestés par tout contribuable électeur devant les tribunaux.

Paroisses. — Elles sont organisées en Irlande comme en Angleterre : le *vestry* nomme les marguilliers, le clerc et le bedeau. Mais la taxe des pauvres n'est pas levée par paroisse : elle est établie par unions de paroisses ou bourgs, et administrée par une commission supérieure qui siége à Dublin, et dont les membres sont nommés par le gouvernement.

Il n'y a pas longtemps qu'en Irlande les catholiques étaient exclus de l'assemblée du *vestry*, et qu'ils étaient imposés aux taxes pour le culte anglican, supportant même des dîmes levées en nature au profit des ministres de ce culte. Ces injustices ont en partie cessé; les dîmes ont été converties en argent et diminuées, et aujourd'hui les catholiques, comme les protestants, prennent également part aux élections par le *vestry* et à l'administration de la paroisse. Les services auxquels la paroisse doit pourvoir sont peu nombreux, et les dépenses qu'ils occasionnent sont couvertes, à défaut de ressources propres, par une taxe locale établie sur le revenu annuel des biens, et due par tous les occupants, résidents ou non.

Les dépenses de l'instruction primaire ne sont pas à la charge des paroisses en Irlande, il y est pourvu au moyen de subsides accordés par le gouvernement, et répartis sous la surveillance d'une commission pour l'éducation nationale, composée de hauts dignitaires anglicans, catholiques et presbytériens.

Telle est, dans les trois parties du Royaume-Uni, l'organisation des administrations municipales, et l'on voit qu'elle n'est nulle part la même. Partout elle diffère en plusieurs points, et là où elle semble identique, il existe encore des différences. Cependant ces différences résident plutôt dans les modes d'organisation et dans les détails de gestion que dans les bases mêmes qui servent d'assises à tout ce système si compliqué. Ces bases sont, d'une part, le principe de l'élection, appliqué par l'assemblée générale ou *vestry* des contribuables de chaque localité ou circonscription, pour le choix de tous les officiers municipaux; de l'autre, la responsabilité de ces derniers, par rapport à leurs actes administratifs; enfin, le droit reconnu à tout électeur de contester l'évaluation des taxes, ainsi que les comptes municipaux, devant les tribunaux ordinaires. Avec de semblables garanties, la gestion des affaires et intérêts des villes, bourgs et paroisses des trois royaumes est suffisamment maintenue dans la ligne de l'honnêteté et du devoir.

Ce qui paraît laisser beaucoup à désirer, au moins pour un Français habitué à la simplicité, à l'unité de direction des formes administratives, c'est, dans les localités les plus importantes, le conflit d'attributions qui ne peut manquer de se rencontrer entre des autorités aussi nombreuses que diverses, investies de droits généraux ou spéciaux assez mal définis et encore moins bien limités. On aurait peine à comprendre en France pourquoi le conseil du bourg ou de la paroisse est obligé d'abandonner souvent à des commissions spéciales d'améliorations, des entreprises d'utilité publique qui peuvent intéresser tout ou partie de l'agglomération municipale. Ces commissions ne sauraient offrir de plus sûres garanties que le conseil lui-même, qui est élu comme elles; leur intervention, avec une caisse administrée à part des fonds de la ville, du bourg et de la paroisse, et entretenue avec des taxes spéciales, ne paraîtrait chez nous qu'une complication inutile et même nuisible. Mais nos voisins ne sont pas de cet avis : ils aiment la spécialité en toutes choses, comme étant pour le public le moyen de contrôle le plus certain, et comme la condition la plus efficace de la responsabilité imposée aux agents d'exécution.

Toutefois l'énorme difficulté qui existe dans les grandes villes à combiner et à faire exécuter un plan général d'améliorations, lorsqu'il faut obtenir le concours d'un très-grand nombre d'autorités municipales, paraît devoir amener des modifications importantes dans la législation actuellement en vigueur.

C'est ainsi que la Chambre des communes a été saisie, en 1866, par un de ses membres, sir Robert Montagu, d'une motion, qui a été adoptée, ayant pour objet la nomination d'un comité d'enquête à l'effet d'examiner l'administration de Londres, c'est-à-dire celle de la Cité et celle de la métropole. Cette capitale est divisée en cinquante et une circonscriptions par la loi récente sur les constructions (*building Act*), dont la mise à exécution est abandonnée à quatre-vingt-huit conseils paroissiaux, sous le contrôle d'un bureau central des travaux (*metro-*

politan board of works), formé des membres élus par ces conseils et tirés de leur sein. Comment espérer que les délégués de ces quatre-vingt-huit conseils, représentant des intérêts différents et souvent opposés, puissent s'entendre et se mettre d'accord sur un projet d'amélioration d'ensemble ? Les inconvénients d'un pareil système sont signalés par la presse et par l'opinion publique, et il semble probable que le Parlement finira par sanctionner une partie des idées nouvelles qui se font jour, en vue des améliorations générales à introduire dans les principales villes, et qu'il autorisera un régime d'administration locale moins compliqué, mais en respectant toujours les anciennes franchises des corporations auxquelles la vieille Angleterre est aussi attachée qu'aux autres libertés publiques.

Ainsi, après avoir donné, il y a plus de trois siècles, ses institutions municipales aux premières villes fondées par ses puritains et ses quakers dans le nouveau monde, l'Angleterre, à son tour, devra réformer ses anciennes administrations locales, en suivant l'exemple tracé par les principales cités des Etats-Unis, ainsi que je vais essayer de l'exposer.

ADMINISTRATION DES VILLES AUX ÉTATS-UNIS [1].

Aperçus généraux.

On sait que, d'après leur constitution, les Etats-Unis d'Amérique se composent d'une confédération d'Etats, gouvernée

[1] J'ai pu étudier cette administration dans les budgets et comptes des principales villes de l'Union, dans les rapports annuels des contrôleurs de leurs recettes et dépenses, dans les exposés ou messages des maires aux corporations municipales, et dans les comptes, tableaux et autres pièces justificatives qui accompagnent ces documents.

Je dois la communication de ces précieux renseignements à l'extrême obligeance de M. le baron de Morogues fils, ancien secrétaire de la légation de France à Washington, qui promet à la diplomatie de notre pays un représentant très-distingué. Je ne saurais trop le remercier d'avoir bien voulu réunir et rapporter plus de *vingt* volumes de ces documents, sans lesquels l'étude que j'ai entreprise aurait été tout à fait impossible. Qu'il reçoive donc, ainsi que son honorable père, M. le baron de Morogues, membre du conseil général du Loiret, l'expression de ma sincère gratitude.

par un président électif, un sénat et une chambre des représentants, également investis de leur mandat par les suffrages de leurs concitoyens.

Le gouvernement de la confédération a seul le droit d'entretenir des relations diplomatiques avec les autres nations, de faire les traités de paix et de commerce, d'établir les tarifs de douane, de battre monnaie, de déclarer la guerre, d'organiser le service des postes, celui de l'armée et de la marine, et d'instituer la haute cour de justice, spécialement chargée de veiller à la fidèle observation de la constitution dans toute l'étendue de la confédération.

Pour l'entretien de ces différents services, le gouvernement de la confédération perçoit : 1° des droits de douane sur les marchandises introduites dans tous les Etats de l'Union; 2° des droits de poste; 3° le prix des ventes des terres domaniales; 4° une contribution sur les droits et revenus intérieurs (*internal duties or revenue*), qui a de l'analogie avec l'income-tax levée en Angleterre; 5° et plusieurs autres impôts d'une importance très-minime, comparés aux précédents.

Le produit total de ces différents impôts, droits et revenus, était évalué pour 1863 par le secrétaire du Trésor (ministre des finances) de la confédération à la somme d'environ 160 millions de dollars [1].

La constitution de la confédération a déterminé les droits et les attributions du congrès (sénat, chambre des représentants et président), en ce qui a rapport aux Etats faisant partie de cette confédération. Elle impose à tous ces Etats les mêmes devoirs, et leur commande la même subordination aux lois d'intérêt général émanées du congrès des Etats-Unis. Mais elle respecte complétement leur indépendance et leur autonomie intérieure, laissant aux citoyens et à la législature particulière de

[1] Pour éviter des répétitions, je crois devoir faire observer que, d'après l'Annuaire du bureau des longitudes, le dollar des États-Unis, depuis 1837, vaut 5 fr. 40 c.; mais le change fait varier cette valeur : elle n'est actuellement (1867) que de 5 fr. 10 c. à 5 fr. 20 c. Ce chiffre de 160 millions de dollars est indiqué de la page 28 à la page 40 du *Report of the secretary of the treasury of the state of the finances for year ending june 30, 1863*. Washington, Government printing office, 1863.

chaque Etat la faculté de se gouverner et de s'administrer eux-mêmes, avec telles lois civiles et sociales, telles formes et de la manière qu'ils estiment le plus convenable à leurs droits et à leurs intérêts.

A l'exemple de la confédération, les Etats particuliers de l'Union, au nombre de trente-six, sont gouvernés par un sénat, une chambre des représentants et un gouverneur, tous électifs; chaque Etat élit également ses magistrats, ses administrateurs à tous les degrés, depuis les fonctions les plus élevées jusqu'aux plus humbles.

Les Etats sont divisés en comtés et en villes, à l'exception de la Louisiane, qui est divisée en paroisses, et de la Caroline du Sud, qui est partagée en districts.

Afin de pourvoir à leurs dépenses publiques, les Etats, les comtés et les villes sont autorisés par la législature à lever des impôts et des taxes locales.

Les principales de ces contributions sont la taxe ou imposition sur les biens réels ou fonciers (*real estate*), et celle sur les valeurs personnelles (*personal estate*). Elles sont perçues l'une et l'autre, non pas comme en France et en Angleterre sur le *revenu* imposable, mais sur la *valeur* estimative des biens réels ou personnels qui s'y trouvent assujettis.

Cette évaluation est faite et revisée chaque année par des fonctionnaires spéciaux, élus à cet effet par la législature de l'Etat, et le travail de ces agents est entouré, ainsi que je l'expliquerai, des plus sérieuses garanties.

Indépendamment de ces deux impôts principaux, qui frappent sans exception toutes les propriétés tant réelles que personnelles, les Etats, les comtés et les villes peuvent s'imposer, comme en Angleterre, des taxes d'améliorations (*improvement taxes or funds*), pour des entreprises d'utilité publique. Mais l'administration de ces fonds spéciaux n'est pas abandonnée dans les villes américaines, comme dans celles d'Angleterre, à des commissions locales : elle rentre dans les attributions des autorités de l'Etat, du comté ou des corporations municipales, selon les entreprises auxquelles les fonds doivent être appliqués.

Lorsqu'il est nécessaire de recourir à des emprunts ou à des impositions extraordinaires qui dépassent la limite assignée aux taxes locales par la constitution de l'Etat, les comtés et les villes doivent obtenir la sanction de la législature de l'Etat auquel ils appartiennent.

Les autorités municipales, maire, *aldermen*, *councilmen*, sont toutes électives. Le corps électoral se compose des citoyens de la ville, inscrits sur la liste dressée chaque année, ayant acquitté les taxes et impôts locaux [1] et, de plus, ayant depuis un certain temps, qui varie selon les localités, fixé leur résidence dans la cité.

Les *aldermen*, réunis aux *councilmen* et au maire, forment le conseil municipal et administrent la commune. Mais le maire n'est pas seulement, aux Etats-Unis, comme en France, un agent d'exécution des décisions du conseil municipal : il a le même droit, relativement aux mesures adoptées par ce conseil, que le président des Etats-Unis par rapport aux actes du congrès. Il peut, dans les dix jours, s'opposer, par son veto, à l'exécution de la mesure adoptée. Dans ce cas, l'affaire est soumise à une nouvelle délibération, et la mesure ne peut être définitivement adoptée qu'à la majorité des deux tiers des membres du conseil municipal.

Les actes de la législature de chaque Etat, des autorités des comtés, des corporations municipales, ainsi que les rapports et discussions, sont imprimés, publiés, répandus à profusion, et insérés dans tous les journaux.

La comptabilité est organisée d'une manière très-simple, qui présente néanmoins de fortes garanties. Le maire présente le budget qui est voté en recettes et en dépenses par le conseil municipal. C'est le bureau des aldermen qui ordonnance les dépenses et délivre les mandats de payement. Les dépenses sont acquittées sur la présentation de ces mandats et des pièces justificatives à l'appui, par le trésorier (*treasurer*, *chamberlain*) de la corporation, qui centralise les recettes et les dépenses de la cité. Mais un contrôleur (*comptroller*), choisi par la corporation

[1] Dans quelques États, villes et comtés, la justification d'un revenu ou de propriétés d'une certaine valeur déterminée, ou la jouissance d'un bail, est exigée pour être électeur.

ou élu par les électeurs contribuables, surveille les opérations du trésorier, et contribue, par son intervention et ses redressements, à en assurer la régularité. Il présente chaque année à la corporation un rapport détaillé des opérations financières de l'exercice précédent, rapport rendu public et distribué à un grand nombre d'exemplaires par la voie de l'impression. Ce n'est pas tout : après avoir été soumis à l'examen et à l'approbation du conseil municipal, les comptes du trésorier et le rapport du contrôleur sont vérifiés par des *auditors* et *revisors* élus à cet effet. Le compte rendu de cette vérification est également imprimé et publié, et s'il s'élève des contestations, elles sont jugées par les tribunaux ordinaires de l'Etat.

Ainsi, dans cette organisation, on trouve l'élection comme base de tous les pouvoirs; l'indépendance entière des corporations municipales, dans les limites tracées par la loi; l'unité de direction appliquée à l'administration des villes, unité inconnue en Angleterre; la responsabilité directe des administrateurs à raison de leurs fonctions; le jugement des actes administratifs par les magistrats ordinaires électifs; enfin, pardessus tout, le contrôle du corps entier des électeurs de la localité, contrôle sollicité efficacement par une publicité presque sans bornes.

Tels sont les aperçus généraux que j'ai cru nécessaire d'esquisser très-sommairement, pour donner une idée des institutions qui régissent l'Union et chaque Etat de la confédération américaine. Je vais essayer maintenant d'expliquer, avec quelque détail, l'organisation administrative des principales corporations municipales de ce pays.

I. *New-York* (*City of New-York*)[1]. —La Cité de New-York, comme Dublin en Irlande, forme à la fois une ville et un comté. Il s'y rencontre donc deux sortes d'administrations distinctes :

[1] Il n'est ici question que de l'administration de la ville de New-York proprement dite : celle de Brooklyn en est entièrement séparée, bien que Brooklyn, au point de vue des affaires et de l'agglomération, ne fasse qu'une seule ville avec New-York, comme la cité de Londres, avec l'agglomération métropolitaine qui l'entoure, également séparée d'elle sous le rapport administratif.

celle de la ville et celle du comté, ayant chacune leurs officiers et fonctionnaires, et leur budget spécial.

Je ne m'occuperai que de la cité [1].

La corporation municipale de New-York est composée d'un maire (*mayor*), d'un bureau d'*aldermen*, au nombre de dix-sept, et d'un bureau de *councilmen*, au nombre de vingt-quatre.

La réunion du maire, des *aldermen* et des *councilmen*, tous également nommés par les électeurs de la cité, forme son conseil municipal (*common council*).

C'est cette corporation, de quarante-deux membres, qui seule administre la ville, vote son budget en recettes ou en dépenses, autorise la levée des taxes et des impôts, examine, approuve ou rejette les comptes, et nomme tous les officiers et receveurs, ainsi que les employés de la police municipale et, en général, tous les agents du service de la cité.

En France, les employés de la mairie et les agents chargés d'un service municipal, médecins, architectes, agents voyers, etc., sont choisis par le maire et ne peuvent exercer leur office que d'après ses ordres. A New-York et dans presque toutes les villes des Etats-Unis, il y a des employés spécialement attachés au bureau des *aldermen* et des *councilmen*, et nommés par eux pour expédier et faire exécuter les affaires que les lois confient à la décision de chacun de ces bureaux. Le plus important de ces employés est le *clerk of the common council*, secrétaire du conseil municipal ou de la ville, et le *deputy clerk of board of aldermen*, le secrétaire délégué, adjoint, du bureau des *aldermen*. Il y a en outre vingt-huit autres employés de différents grades attachés aux bureaux des *aldermen* et des *councilmen*.

De son côté, le maire étant investi par son office d'attributions qu'il exerce tantôt en commun avec les *aldermen* et tout le *common council*, tantôt seul et séparément, selon les matières,

[1] *Annual report of the comptroller exhibiting the receipts and expenditures of the city government, including the operations of the several trust and sinking funds, for the year* 1863. *Board of aldermen, march, 21th.* 1864. Document n° 11. New-York : Edmund Jones and C°, printers of the corporation, n° 26, John street, 1864, p. 197-199.

a, pour le seconder, des employés distincts de ceux des *aldermen* et des conseillers.

Le maire et ses employés forment la *mayoralty*. Notre expression *mairie* ne donne qu'imparfaitement une idée de la *mayoralty* américaine; car, chez nous, la mairie et ses bureaux ne renferment, en général, que le secrétaire de la commune, les employés de l'état civil, chargés d'inscrire les naissances, les mariages et les décès, ceux de la voirie et du bureau de bienfaisance. Aux Etats-Unis, la *mayoralty* comprend non-seulement des commis ou secrétaires, mais des agents chargés de délivrer certaines licences ou permissions, pour lesquelles des droits sont versés à la *mayoralty*, et d'autres employés auxquels est confié le soin de faire exécuter les ordres et mandats d'arrêt que le maire peut délivrer dans certains cas. Je vois figurer à la *mayoralty* de New-York un secrétaire en chef et un secrétaire adjoint, un premier et un second *marshal*, deux autres secrétaires ou commis, un interprète, un messager, un copiste et six autres employés inférieurs, en tout quinze employés.

En France, les fonctions de maire et celles de conseiller municipal sont gratuites. Depuis peu d'années, dans un très-petit nombre de villes importantes, quelques conseils municipaux ont voté et mis à la disposition du maire des crédits pour frais de représentation, et aussi, quelquefois, pour distributions de secours et aumônes. Ces crédits n'ont aucune apparence de traitement personnel, puisque leur destination spéciale est prévue, et que le maire doit rendre compte de leur emploi exclusif aux dépenses en vue desquelles ils ont été inscrits au budget.

Il en est tout autrement aux Etats-Unis. A New-York, le maire, les *aldermen* et les *councilmen* reçoivent un traitement annuel sur les fonds de la corporation municipale. Celui du maire est de 5,000 dollars; chaque *alderman* ou *councilman* reçoit 1,200 dollars par an. Dans ce pays, où, plus encore qu'en Angleterre, le temps est l'argent, on a considéré que le temps employé aux affaires publiques, qui détournent des affaires privées, devait être rétribué. Mais, conformément au principe d'égalité républicaine dont l'observation est rigoureusement exigée, aucuns frais de représentation, aucuns fonds pour secours à distribuer ne sont laissés à la disposition soit du maire, soit des *aldermen* et conseillers ; l'opinion publique verrait, dans ces crédits ouverts, un moyen d'influence électorale accordé aux membres de la corporation municipale pour prolonger leur mandat.

Au-dessous du maire, des *aldermen* et des *councilmen* viennent, dans l'ordre hiérarchique, les fonctionnaires et employés de la cité, dont les principaux sont le contrôleur des recettes et dépenses, les receveurs ou percepteurs des taxes, le commis de l'arriéré dû de la commune, le trésorier payeur et les auditeurs des comptes.

Le budget de la cité est préparé par le *common council* pour l'exercice qui va s'ouvrir, d'après la somme des dépenses effectuées l'année précédente. Le premier soin à prendre, à New-York comme ailleurs, est donc d'élever les recettes à recouvrer au niveau des dépenses à faire. On y parvient, en France et en Angleterre, comme en Amérique, d'abord au moyen des revenus propres de la commune; mais, pour parer au surplus, on a, en France, ainsi que je l'ai expliqué, la ressource des centimes additionnels et des droits d'octroi. Dans la Grande-Bretagne, le même but est atteint par une complication d'impôts directs, de taxes et de fonds d'améliorations, répartis à des taux différents, selon les entreprises auxquelles ils sont destinés, et administrés, sans aucune direction d'ensemble, par des commissions indépendantes de la corporation municipale.

Aux Etats-Unis, le système employé pour assurer des ressources aux villes est beaucoup plus simple, et le nombre des impositions locales est moins grand que dans les deux autres pays.

Cinq sources de fonds différents alimentent les recettes de la ville de New-York, savoir : le fonds général, les taxes annuelles, les emprunts, les fonds d'améliorations, *trust* [1], et comptes spéciaux, et le fonds consolidé ou d'amortissement.

[1] Les *trust* sont des espèces de fidéicommis, les uns à charge de conserver et de rendre, les autres à charge d'être appliqués à un objet déterminé.

Chacun de ces fonds est chargé de pourvoir à des dépenses spéciales correspondantes.

I. — Le *fonds général* (*the general fund*) a été créé en 1859, et autorisé définitivement par une loi de 1862. Il se compose de tous les revenus de la ville qui ne sont pas affectés à une destination spéciale, et il doit être appliqué aux dépenses générales de la cité, en vue de diminuer les taxes et impositions levées pour faire face à l'excédant de dépenses [1]. Il comprend :

1° Le produit des commissions prélevées par l'administrateur public sur les successions vacantes (*intestat estates*), qu'il est chargé de gérer, à raison de 5 dollars pour 100 sur toutes les sommes ne dépassant pas 2,500 dollars, qu'il reçoit, et seulement de 2 dollars 50 cents sur celles supérieures à ce chiffre.

2° Le prix des licences délivrées pour autorisation d'ouvrir des débits de boissons (*excise licence fees*).

3° Les intérêts dus sur les taxes et impositions, par les contribuables en retard de payer le principal. — Aux Etats-Unis, les contribuables qui ont laissé passer le délai fixé sans avoir acquitté leurs cotisations sont passibles d'un intérêt à 6 pour 100 par an, sur les sommes ainsi dues, soit à l'Etat, soit aux comtés, soit aux villes. Les receveurs des taxes et collecteurs des impositions spéciales (*assessments*) sont responsables des intérêts, qu'ils doivent porter dans leurs comptes [2]; et lorsque l'année d'exercice à laquelle ils s'appliquent est terminée, ces intérêts sont, ainsi que le principal en retard d'être payé, transférés au compte du commis des arrérages (*clerk of arrears*), qui est chargé de faire rentrer la dette, en principal et intérêts, même au moyen de la vente des biens meubles et immeubles des débiteurs, ce qui s'exécute avec rigueur.

4° Les intérêts sur rachats, c'est-à-dire sur les prix de vente des propriétés dans lesquelles la ville rentre à défaut de payement, sont également reçus par le commis des arrérages.

5° Les redevances exigées pour les permissions accordées par le maire et le premier *marshal* de faire conduire et stationner des voitures sur la voie publique, d'ouvrir des bureaux de

[1] Rapport du contrôleur de New-York, p. 15.
[2] Voir, p. 154, 161, 162 du Rapport du contrôleur.

prêts sur gages, etc. Ces redevances sont versées entre les mains du secrétaire du conseil municipal et du premier *marshal*.

6° Les redevances exigées des particuliers pour permis d'établir des communications avec les tuyaux et conduits d'égouts.

7° Le fonds imposé pour les écoles publiques (*public school money*). Cette contribution a pour objet de pourvoir aux dépenses à la charge de la ville pour ses écoles publiques. Elle est établie par la législature de l'Etat, qui a dans ses attributions tout ce qui a rapport à l'instruction publique, et elle est levée par ses agents. Mais le trésorier de l'Etat reverse dans la caisse de la ville la part qui revient à celle-ci, d'après la décision de la législature. La totalité de cet impôt a été, en 1863, pour l'Etat de New-York, de. . . . . 250,616 d.
sur lesquels la part attribuée à la ville a été de. . . . . 54,965 d. 84 cts.

8° Les prix de vente de vieux matériaux et objets hors de service.

9° Les droits exigés pour recherche dans le bureau des arrérages.

10° Le fonds consolidé pour le *service des intérêts* de la dette de la cité. Ce fonds a été créé en 1862, pour diminuer les contributions imposées pour les dépenses de la ville. Il peut être prélevé par les commissaires du *sinking fund*, c'est-à-dire des fonds d'amortissement du capital, sur les recettes affectées à ce fonds, et versé par eux au crédit du *fonds général*.

11° Les droits acquittés pour vérification de certaines mesures que les commissaires des rues ont le droit d'exiger.

12° Les prix et redevances des concessions et prises d'eau dans les réservoirs et l'aqueduc *Croton* : ils sont perçus par le bureau préposé à cette entreprise.

13° Les droits des assesseurs (*assessors' fees*), prélevés sur le montant des impositions levées pour l'amélioration des rues.

14° Les recettes imprévues, très-peu importantes : on 1863, elles se composaient uniquement d'une somme de 37 d. 50 cts., versée par un anonyme à titre de restitution.

Telles sont les différentes recettes qui composent le *fonds général* ; leur total a produit, en 1863, la somme de 1,324,094 d. 10 c.

II.— *Contributions* (taxes).—Elles forment la seconde source des recettes de la ville de New-York.

C'est sous l'autorité du pouvoir législatif de l'Etat qu'elles sont levées annuellement. Leur contingent, leur proportion relativement à la *valeur imposable* des biens qui s'y trouvent assujettis, l'évaluation de cette valeur, toutes ces formalités sont accomplies sous la surveillance et en vertu de l'autorisation de la législature de l'Etat, qui nomme les principaux fonctionnaires chargés de cet important travail.

Voici comment il est procédé pour l'Etat, le comté et la ville de New-York.

Chaque année, la législature de l'Etat, composée du Sénat, de la Chambre des représentants et du gouverneur, détermine la somme des *taxes* qui sera levée sur les biens réels (*real estate*), et sur les biens personnels (*personal estate*), afin de faire face aux dépenses de l'Etat, des comtés et des villes.

Le taux proportionnel de ces taxes est établi, non au moyen du revenu imposable des biens, comme en Angleterre pour les taxes locales, et en France pour la contribution foncière, mais d'après la valeur du fonds ou capital.

Jusqu'à ces dernières années, le soin de fixer, à New-York, l'estimation de la valeur imposable des biens réels et personnels était attribué par la loi à deux autorités distinctes : au premier degré, à des commissaires désignés à cet effet par la législature de l'Etat ; au second degré, à un bureau de réviseurs (*supervisors*), ayant le pouvoir de vérifier, contrôler et amender, soit en plus, soit en moins, le premier travail des commissaires.

Mais, depuis 1859, sur les réclamations réitérées des autorités du comté de New-York, qui se plaignaient de la surcharge des propriétés de cette ville, la législature a créé un bureau d'égalisation (*board of equalization*) spécialement chargé de ramener les évaluations, dans tout l'Etat, à une proportionnalité plus égale pour toutes les propriétés. Ce bureau est composé des premiers fonctionnaires de l'Etat.

Voici quelle a été, pour 1863, l'évaluation définitive de la valeur imposable des biens, tant réels que personnels, de la ville de New-York.

Biens réels (*real estate*).	402,196,652 d.
Biens personnels (*personal estate*). . . .	192,000,161 »
Ensemble. . . .	594,196,813 d.

soit en francs plus de 3 milliards !

C'est sur cette somme d'évaluation qu'a été établie la proportion du taux ou marc le franc (*rates and amount of taxes*) de la taxe à payer relativement à ce capital, et cela en vertu d'une loi de 1813, qui attribue ce droit au bureau des *supervisors*, pour secourir les pauvres, dit cette loi, et pourvoir aux autres dépenses de la cité.

La somme de taxe reconnue nécessaire pour parer aux dépenses à la charge de l'Etat, de la ville et du comté de New-York, ayant été fixée par les *supervisors* à. . . . . 12,091,905 d. 14 cts.
et l'évaluation des biens imposables étant de 594,193,813 dollars, le taux de la taxe a été fixé à 20 d. 35 cts. p. 1,000 dollars, ce qui produit une somme de taxe égale à. 12,091,905 14
dont la moitié environ a été appliquée aux dépenses de la ville.

Le recouvrement des taxes s'opère, comme en France, au moyens d'avertissements, ou *warrants*, délivrés par les collecteurs, et, chose digne de remarque, lorsque les taxes n'ont pas été acquittées le 1er décembre, le redevable encourt une pénalité, c'est-à-dire doit les intérêts, dont le taux augmente à partir du 15 décembre, et plus encore après le 1er janvier, disposition rigoureuse tout à fait inconnue en France, où les contributions directes se payent par douzièmes de mois en mois, et dont les termes dus ne produisent jamais d'intérêts.

Cette sorte de pénalité n'empêche pas, aux Etats-Unis, un grand nombre de contribuables d'être en retard d'acquitter leurs cotisations. A la fin de 1862, l'arriéré des taxes transféré au bureau des arrérages était de plus de 2 millions de dollars, et il s'était élevé dans le bureau des collecteurs des taxes, pendant cette même année, à près de 3,400,000 dollars, ce qui, joint à la somme précédente, accuse un arriéré d'impôts non payés de plus de 5 millions de dollars. Mais il est juste de ne pas oublier qu'à cette époque, la guerre civile entre les Etats du Nord et ceux du Sud de la confédération devait nuire singulièrement aux transactions commerciales, et diminuer dans une large proportion la richesse publique.

III. — *Emprunts* (*loans*). — On a vu que, principalement à cause du retard apporté à la levée des taxes, par suite de l'accomplissement des formalités qui doivent précéder leur recouvrement, les autorités locales étaient obligées d'avoir, chaque année, recours à des émissions de *bons de revenu* pour assurer les différents services.

Ces bons sont émis à une très-courte échéance, et ils doivent être remboursés dès que la rentrée du produit des taxes et des revenus ordinaires le permet. Ils sont le plus souvent négociés par le contrôleur à partir du mois d'avril, et remboursés avant le 15 décembre suivant.

Ces bons sont entièrement distincts de la dette fondée ou consolidée, de la dette temporaire ou flottante, de celle contractée pour les améliorations, et des *trust*, ayant une destination spéciale. D'après deux lois de 1837 et 1859, le contrôleur de la ville de New-York a la faculté, avec l'autorisation du *common council*, d'émettre des bons de revenu (*revenue bonds*) afin de pourvoir aux dépenses de l'année courante. En 1863, il en avait négocié pour près de 2 millions de dollars, qui ont été remboursés du 1er novembre au 15 décembre de la même année.

A côté de ces bons de revenu, je vois figurer dans le rapport du contrôleur de la ville de New-York les emprunts contractés par la corporation pour le rachat des soldats dits volontaires, dont le contingent était imposé à la ville par le congrès fédéral, ainsi que pour secours à leurs familles. Cette dette, triste accompagnement de la guerre civile, est, comme cette guerre elle-même, chose tout à fait nouvelle : à en juger par les comptes de 1863 seulement, cette lutte intérieure, qui prouve une fois de plus, malheureusement, que les passions humaines sont les mêmes, quelle que soit la forme de gouvernement, a coûté d'énormes sacrifices à la ville de New-York, car je vois que les emprunts qu'elle a émis pendant la seule année 1863, pour les volontaires et leurs familles, se sont élevés à plus de 1,956,900 dollars, soit plus de 10 millions de francs.

IV. — *Fonds d'amélioration, trust et comptes spéciaux.* — Les principaux fonds d'amélioration (*improvement funds*) sont :

1° Ceux destinés au *Central Park*, magnifique promenade créée et agrandie depuis peu d'années au milieu de la ville de New-York. Cette entreprise a été autorisée par une loi du 17 avril 1857, qui a mis une imposition spéciale à la charge des propriétés voisines, attendu qu'elles doivent profiter de cette amélioration : c'est le fonds primitif.

Ensuite la ville contribue en accordant des indemnités pour dommages causés par les travaux, et, en outre, en payant les prix d'une partie des nouveaux terrains acquis pour l'agrandissement du Parc. A la fin de 1863, la totalité des crédits dépensés par la ville dépassait 9 millions de dollars et constituait une dette qui doit être remboursée d'année en année, avec les ressources propres à cette entreprise.

2° La création de l'aqueduc pour amener l'eau de la rivière Croton dans la ville, et les différents ouvrages d'art que cet admirable travail a nécessités (*the Croton water work*) avaient exigé, à la même époque, une dépense beaucoup plus considérable que celle du *Central Park*. Lorsque l'œuvre sera terminée, la corporation de New-York aura employé plus de 100 millions de francs à doter toutes les parties de la cité, rues, maisons particulières, établissements publics, de la jouissance d'une eau abondante et salubre.

3° Le troisième fonds d'amélioration est celui qui est appliqué aux travaux des rues. Une partie est levée sur les propriétés qui profitent de ces travaux, une autre est fournie par la ville. En 1863, les commissaires des rues avaient imposé aux propriétaires intéressés la somme de 600,000 dollars, et la ville en avait fourni environ 72,000, sur son budget. En outre, on trouve aux comptes spéciaux (*special and trust accounts*) plusieurs crédits montant à près de 900,000 dollars pour dommages payés par suite de l'ouverture, de l'élargissement et autres travaux des rues, soit avec des impositions spéciales, soit avec les fonds de la ville.

V. — La cinquième et dernière somme des recettes de la ville de New-York est celle qui provient du fonds consolidé (*the sinking fund*), destiné à l'amortissement de la dette fondée (*funded debt*) de la corporation.

Le *sinking fund* a été créé en 1813 par le *common council*, sur la proposition du contrôleur des recettes et dépenses de la ville. Il est divisé en deux parties : l'une est applicable au payement des intérêts de la dette fondée, l'autre au remboursement de son capital. Des recettes municipales sont spécialement destinées à pourvoir à ces deux exigences, et elles ne peuvent être détournées de cette destination. Celles affectées au remboursement du capital se composent des intérêts des sommes dues à la ville par hypothèques (*mortgages*), des arrérages de rentes foncières, des loyers ou rentes des marchés publics, etc. Ces recettes, en attendant l'époque du remboursement, peuvent être placées par les commissaires de la dette fondée, au nombre de quatre, parmi lesquels figure le contrôleur de la ville, en rentes soit de l'Etat de New-York, soit des Etats-Unis, et les intérêts produits par ces placements sont réemployés pour les accroître.

Dans les villes de la confédération américaine, le capital de la dette fondée n'est pas, comme celui de notre rente française, emprunté sans indication d'une époque de remboursement : au contraire, à l'imitation de ce qui se fait pour les emprunts de la confédération, le terme de remboursement est toujours prévu et indiqué au moment de l'émission. En conséquence, au fur et à mesure des échéances, les valeurs achetées avec le fonds consolidé sont vendues, et leurs prix sont employés par les commissaires au rachat et à l'extinction d'une partie égale de la dette fondée. De cette manière, la corporation est toujours assurée de maintenir son crédit ; car, si elle est obligée d'emprunter de nouveau, elle a néanmoins remboursé un contingent de ses anciennes dettes. Aussi voit-on, par le rapport du contrôleur, que les bons de revenu, ceux pour les soldats volontaires et leurs familles, les actions ou rentes du Parc central, ou de l'aqueduc Croton, et, en général, tous les emprunts temporaires et autres de la ville de New-York, sont émis au-dessus du pair, avec des primes qui profitent à la cité.

Il résulte du rapport du contrôleur, qu'à la fin de 1863, la dette fondée et la dette temporaire ou flottante (*floating debt*) de New-York s'élevaient ensemble à la somme d'environ 28 millions de dollars, non compris les *trust funds*, représentant plus de 5 millions de dollars.

Mais comme la somme des placements faits par les commissaires de la dette, et applicables à son remboursement, atteignait près de 8 millions de dollars, la totalité des dettes fondée et flottante, sans les *trust funds*, n'était, au 31 décembre 1863, que de. . . . . 19,900,790 d. 26 cts.

Si on y ajoute, pour les *trust funds*, 5,000,000 »

on trouve un total de. . . . . 24,900,790 d. 26 cts

Ce chiffre n'a rien d'exagéré, si l'on considère que l'amortissement en est assuré chaque année par le fonds consolidé : cela est si vrai, qu'au plus fort de la guerre civile, en 1863, il a été racheté avec ce fonds pour plus de 3 millions de dollars des dettes fondée et flottante.

On ne doit pas oublier, d'ailleurs, que la totalité des recettes de toute nature, encaissées par le trésorier de la corporation, s'élève à plus de 18 millions de dollars chaque année. Mais le revenu propre de la cité, c'est-à-dire le produit des taxes, les intérêts et rentes des biens lui appartenant, les prix des locations, droits de places et de marchés, mesurages, amendes, prix de licences, etc., ne monte qu'à environ 14 millions de dollars. Le surplus est fourni par les emprunts temporaires, tels que les bons de revenu et autres, et ne doit être considéré que comme des voies et moyens nécessaires pour assurer la régularité des services municipaux.

Dans notre vieille Europe, la plus grande partie, la presque totalité des dettes d'Etat fondées chez tous les peuples, sans exception, a pour cause les dépenses occasionnées par les guerres sanglantes et répétées qu'ils se sont faites. Avant 1860, ce fléau était inconnu aux Etats-Unis : on sait de quelle charge immense la guerre civile a pesé sur les finances de la confédération et de chacun des Etats qui la composent. A la fin de 1863, les dépenses auxquelles la corporation de New-York s'était trouvée dans la nécessité de pourvoir pour cette guerre avaient augmenté sa dette de 3,885,570 dollars. C'est beaucoup trop assurément ; toutefois, cette somme ne faisait alors qu'environ le septième de la totalité de cette dette : toutes les autres parties avaient été contractées dans l'intérêt public des habitants et employées aux entreprises les plus utiles.

Dépenses municipales. — En France, la somme totale des recettes appartenant aux villes et aux communes est employée, sans distinction d'origine, à payer les dépenses municipales. Seulement, comme ces dépenses sont inscrites à des articles spéciaux, et que les crédits ouverts doivent correspondre exactement à la spécialité prévue de la dépense, un maire ne pourrait, sans un nouveau vote du conseil municipal, approuvé par l'autorité supérieure, apporter le moindre changement soit aux crédits, soit aux dépenses, primitivement prévus au budget. Mais le percepteur ou le receveur de la commune peut payer les mandats délivrés par le maire, avec les fonds municipaux rentrés dans sa caisse, d'où qu'ils proviennent, sans être obligé de faire aucune différence entre les uns et les autres. Dans la Grande-Bretagne et aux Etats-Unis, il n'est pas procédé de la même manière : indépendamment de la spécialité des crédits ouverts pour des dépenses également spécialisées, il existe plusieurs espèces de fonds municipaux, administrés séparément, dont l'emploi est exclusivement affecté au payement de certaines dépenses que la loi générale ou les actes particuliers des corporations ont pris le plus grand soin de déterminer. Tels sont, dans ces deux pays, les fonds d'amélioration (*improvement funds*), affectés à des entreprises d'utilité publique, encaissés à part et régis, en Angleterre, par des commissaires spéciaux, aux Etats-Unis, sous la surveillance des corporations municipales. Tel est encore, dans cette dernière contrée, le fonds consolidé, destiné à l'amortissement des dettes municipales.

En dehors des dépenses d'amélioration payées avec des fonds levés spécialement à cet effet, comme nos centimes extraordinaires et nos emprunts municipaux, les principales dépenses des cités américaines ont une grande analogie avec celles des villes françaises. Elles consistent dans l'acquit des traitements et salaires des employés communaux, des frais de police, entretien et construction des édifices appartenant à la commune, subventions aux établissements charitables, aux écoles publiques, bibliothèques, frais de pavage, d'éclairage, conduites et distributions d'eaux, etc.

Le contrôleur remplit le rôle principal pour la tenue de la comptabilité, dont les règles sont établies, comme toutes celles relatives à l'administration municipale, par le *common council.* Leur stricte exécution est remise à la surveillance du bureau des *aldermen.* Le *common council*, sur la proposition du maire, vote le budget en recettes et en dépenses, et fixe les crédits spécialement affectés à chaque service (*appropriations and expenditures*). Mais il n'y a pas, comme dans les budgets des communes de France, de division entre les recettes et les dépenses dites ordinaires et extraordinaires. Cependant, les *improvement funds* répondent assez exactement à ces dernières dépenses.

C'est le bureau des *aldermen* qui autorise le trésorier à faire les payements et délivre les mandats à cet effet. Le maire exerce le même droit en ce qui concerne la dépense de la *mayoralty.* Mais aucune recette ne doit être encaissée par le trésorier, aucune dépense acquittée par lui, sans le visa du contrôleur, qui inscrit la mention de ces recettes et payements sur ses registres, tenus, ainsi que ceux du trésorier et des receveurs des taxes, en partie double, à la manière des banquiers.

Toutes les opérations, tous les comptes sont, en dernière analyse, soumis à la révision et vérification des auditeurs des comptes, nommés soit par le *common council*, soit par les électeurs. Les difficultés qui peuvent s'élever entre les auditeurs et les comptables sont jugées par les tribunaux ordinaires ; il en est de même des réclamations et procès que les simples électeurs ont le droit d'intenter au sujet de ces mêmes comptes et de la levée des taxes.

Lorsque l'année de l'exercice financier est terminée, le maire adresse au conseil municipal un message dans lequel il rend compte de l'administration des différents services de la cité pendant l'année écoulée. J'ai sous les yeux les cinquième et sixième messages de l'honorable Alexander Henry, maire de Philadelphie[1], pour les années 1861-1862 et 1862-1863 (com-

[1] Cette ville est la plus importante des États-Unis, après New-York ; en 1863, elle comptait 568,000 habitants.

mençant le 1er mai et finissant le 30 avril). Ces messages sont accompagnés de documents du plus haut intérêt : ce sont des rapports, états, tableaux et autres pièces justificatives adressés au maire par les différents chefs des services : ils donnent l'idée la plus favorable de la manière dont sont gérées les affaires de cette grande ville.

Il me reste maintenant à présenter un résumé comparatif des trois espèces de régimes municipaux en vigueur en France, dans la Grande-Bretagne et aux Etats-Unis.

1° L'élection est la règle admise dans les trois pays pour la nomination des conseils municipaux, et cette élection est faite en France (excepté à Paris et à Lyon) par le suffrage universel des habitants inscrits sur les listes, sans aucune condition de cens. — Dans les deux autres pays, le droit d'élire les corporations municipales n'appartient qu'aux habitants qui acquittent les taxes locales et ont fixé depuis un certain temps leur résidence dans les villes.

Mais, en France, les électeurs ne nomment ni les maires ni leurs adjoints, qui sont choisis, selon l'importance de la population, soit par l'empereur, soit par le préfet de chaque département, même en dehors des conseillers municipaux.

Il en est autrement en Angleterre et aux Etats-Unis, où les maires des villes sont élus, comme les *aldermen* et les *councilmen*, par les électeurs municipaux, qui nomment également la plupart des fonctionnaires, employés et comptables ; tandis qu'en France, à l'exception des employés de la mairie et de quelques autres, choisis par le maire, tous les autres sont nommés par le gouvernement.

2° En France, les budgets des communes sont votés en recettes et en dépenses par les conseillers municipaux, sur la proposition du maire, mais sous l'approbation définitive du préfet ou du ministre de l'intérieur, selon que les recettes sont supérieures ou inférieures à 100,000 francs, et sous l'autorité, soit du Conseil d'Etat, soit du Corps législatif, pour les impositions extraordinaires, les emprunts et les octrois.

Dans la Grande-Bretagne aussi bien qu'en Amérique, les corporations municipales votent et règlent elles-mêmes, comme elles le jugent convenable, les recettes et les dépenses des villes qu'elles administrent, sans l'intervention d'aucune autre autorité : il n'y a d'exception que pour les taxes et les emprunts qui dépassent les limites déterminées par la loi ; dans ce cas, l'autorisation de la législature de l'Etat est nécessaire aux Etats-Unis, comme en Angleterre celle du Parlement.

L'affectation spéciale des crédits ouverts à des dépenses également spécifiées est, dans les trois pays, la règle admise et exigée pour la délivrance des mandats de payement et l'emploi des fonds municipaux.

Mais, en France, si un conseil ne vote pas une dépense dite ordinaire et obligatoire, le préfet ou le ministre a le droit de l'inscrire d'office au budget, en la prélevant sur les autres crédits prévus pour les dépenses de même nature. — Aucune immixtion semblable n'existe dans les autres contrées : un particulier qui n'est pas payé d'une dette contractée par une ville a le droit de la citer directement devant les tribunaux ordinaires, qui décident la contestation, comme tous les autres procès soumis à leur juridiction. En France, il faut, avant de pouvoir poursuivre la commune, adresser un mémoire au conseil de préfecture, et même, lorsque le procès est gagné, le plaideur n'a pas le droit de mettre la sentence à exécution par voie de saisie et de vente mobilière ou immobilière, ou même d'opposition, sur les deniers communaux : il doit se résigner à attendre un nouveau vote du conseil municipal, et, à son défaut, recourir soit au préfet, soit au ministre, pour obtenir l'inscription d'office de la somme qu'il réclame sur le budget de la commune.

Enfin la comptabilité municipale en France, sauf dans les villes les plus importantes, où le choix des receveurs peut être fait par les conseils municipaux, est tenue par des agents nommés par le ministre des finances ou par le préfet, et les comptes sont vérifiés et approuvés soit par les conseils de préfecture pour les communes dont le revenu n'atteint pas 100,000 francs, soit par la Cour des comptes pour les autres. En outre, les règles pour la tenue de la comptabilité, les recettes, les payements et les pièces justificatives à produire, sont tracées par des lois, décrets et ordonnances que les municipalités n'ont pas le droit de modifier.

Ces mêmes règles, dans les deux autres pays, sont tracées et peuvent être modifiées ou remplacées par les corporations municipales, qui nomment les agents et les comptables, à moins qu'ils ne soient choisis par les électeurs, et les comptes sont examinés par des auditeurs élus *ad hoc*, sans préjudice du droit appartenant à tout électeur de contester ces comptes devant les juges ordinaires, sans aucune autorisation préalable.

Ainsi, toute l'administration municipale, en France, est subordonnée à l'autorité supérieure du gouvernement et de ses représentants dans chaque département. — Au contraire, dans la Grande-Bretagne et aux Etats-Unis, cette administration est complètement autonome, n'agissant que selon le vote de la majorité des membres de la corporation, d'après les règles qu'elle-même a établies, sous la sanction du corps électoral qu'elle représente.

3° L'observation de règles uniformes imposées dans notre pays aux autorités municipales pour toutes les affaires qu'elles ont à traiter est la conséquence immédiate et nécessaire de la concentration de ces mêmes affaires entre les mains de l'autorité supérieure, à l'examen et à la décision de laquelle elles sont complètement soumises, même pour les moindres détails.

La diversité, la dissemblance de manière d'agir est, sinon le principe, du moins l'usage qui dirige les corporations municipales anglaises et américaines pour la solution de questions analogues et même identiques : l'indépendance absolue, l'autonomie de ces corporations ne les astreignant pas à suivre les mêmes règles, il est naturel que chacune d'elles suive la marche qui lui paraît, selon les circonstances, sauvegarder le mieux les droits et intérêts de la communauté. Et même, en Angleterre, l'exécution des mesures adoptées manque d'unité de direction, puisqu'on y voit des commissions locales instituées à côté des corporations municipales, et chargées des principales améliorations dans les villes les plus importantes, inconvénient grave qui n'existe pas en Amérique.

4° Au point de vue des impôts de toute nature affectés à l'acquit des dépenses municipales, les trois pays présentent des disparates non moins tranchées que les précédentes.

Dans la Grande-Bretagne, la taxe des pauvres est le principal impôt local, et les autres taxes sont, presque partout, fixées et perçues d'après les mêmes bases. En France et aux Etats-Unis, cette taxe est heureusement inconnue, non qu'il n'y ait dans les budgets municipaux de larges subventions inscrites pour secourir ceux qui souffrent, mais le nombre plus restreint des indigents a permis aux communes de ces deux pays de leur venir en aide sans être obligées d'avoir recours à une imposition spéciale.

Chez les trois peuples, les revenus propres des communes, loyers et rentes de leurs propriétés, droits de places, marchés, mesurages, permis accordés, etc., etc., proviennent à peu près des mêmes sources; mais il en est autrement du produit des taxes ou impositions.

En France, ce produit est fourni par une quote-part abandonnée à toutes les communes sur les centimes additionnels des quatre contributions directes; de plus, pour les villes dont la population agglomérée dépasse 2,500 habitants, les recettes peuvent être complétées par les taxes ordinaires et additionnelles de l'octroi que les conseils municipaux ont le droit d'établir sous l'autorité du Corps législatif.

En Angleterre, si l'on excepte le droit sur les charbons (houille) introduits dans la ville de Londres, et celui prélevé sur les denrées alimentaires et sur les chevaux vendus à Edimbourg, il n'existe aucunes taxes d'octrois.

Ces taxes sont également inconnues aux habitants des villes des Etats-Unis.

Dans ces deux contrées, les dépenses municipales sont équilibrées au moyen de taxes locales imposées en Angleterre sur le *revenu* des propriétés, aux Etats-Unis sur la *valeur* estimative des biens réels et sur celle des biens personnels.

Les taxes foncières sont levées dans la Grande-Bretagne à des taux différents, selon les dépenses auxquelles la corporation municipale ou la commission d'améliorations a décidé de les appliquer.

Aux Etats-Unis, le taux ou marc le franc des deux taxes est déterminé par la législature de l'Etat, et fixé invariablement au même prorata, aussi bien sur les propriétés réelles que sur les biens personnels, sans avoir égard aux diverses dépenses auxquelles ces taxes doivent pourvoir.

Des systèmes d'impôts en vigueur dans les trois pays, le mode américain est le plus simple et peut-être aussi le plus juste, c'est-à-dire se rapprochant le plus de l'égalité de l'impôt acquitté en proportion de la fortune possédée.

Mais le montant des taxes acquittées dans les villes de la confédération paraît beaucoup plus élevé que les contributions payées dans les communes de France, et même dans les villes de la Grande-Bretagne. Cette différence peut s'expliquer par la valeur relative du capital dans les trois pays, valeur moins grande aux Etats-Unis qu'en Europe : 100 francs à New-York ne représentant guère plus de 75 francs à Paris.

5° Pour terminer, cherchons à savoir lequel des trois régimes municipaux, français, anglais et américain, se prête le mieux à la réalisation des travaux d'utilité publique communale, ainsi qu'aux autres améliorations poursuivies avec une égale ardeur dans ces trois grandes nations.

Je n'apprendrai rien à personne en disant que depuis la grande paix de 1815, et principalement pendant les trente dernières années, des travaux immenses, des entreprises gigantesques ont été menés à bonne fin, pour le plus grand profit de l'humanité et à son honneur, aussi bien dans l'ancien monde que dans le nouveau. Mais il serait plus embarrassant d'affirmer quel est celui des trois peuples qui marche aujourd'hui en avant dans cette noble et pacifique carrière, parcourue à toute vitesse, comme un champ de course.

Les Etats-Unis, le fait est certain, ont donné les premiers l'exemple, l'Angleterre l'a suivi, et la France n'est venue qu'en troisième ordre. Mais avec quelle rapidité, quelle vigueur elle a, depuis vingt ans, regagné le temps perdu ! Dans son remarquable ouvrage des *Travaux publics en France*, publié vers 1837, M. Michel Chevalier, déplorant l'infériorité de la France sous le rapport de ces travaux, proposait d'inscrire au budget, pendant dix années, un crédit de 100 millions par an, pour entreprendre les plus urgents[1]. Aujourd'hui ce milliard a été dépassé d'un grand nombre d'autres, et la France peut, sans redouter aucune infériorité, soutenir la comparaison, au point

[1] Deuxième édition, p. 16 et suiv.

de vue des travaux publics, avec les deux autres peuples. Bien plus, c'est en grande partie l'argent français qui a construit les chemins de fer du continent européen : ce sont les capitaux français qui percent l'isthme de Suez ! Notre patrie a donc repris le premier rang dans les arts de la paix.

Les plus petites communes, aussi bien que les grandes villes, ont obéi à cette impulsion irrésistible qui pousse notre siècle vers les améliorations de toutes sortes : le pavage, l'éclairage, les égouts, l'ouverture de routes, chemins et voies publiques, l'établissement de promenades, la conduite et la distribution des eaux, la construction et l'entretien d'édifices consacrés au culte, d'écoles, de bibliothèques, tout a été renouvelé ou créé !

En présence de ce résultat si promptement obtenu à l'aide des ressources locales, il serait injuste de ne pas reconnaître que le système de centralisation qui tient les communes françaises en tutelle peut se prêter néanmoins à l'exécution facile des améliorations réclamées. Qui pourrait en douter en voyant Paris, devenu, en quelques années, la plus magnifique cité du monde, la véritable capitale au point de vue de l'élégant, du beau et de l'utile ?

La conclusion de ce travail sera donc celle-ci : l'autonomie, le *self-government* est plus conforme à la liberté, à la nature des choses, à la raison, qui veulent que chacun fasse ses propres affaires par soi-même ; mais ce mode de gouvernement exige une dose peu commune de prudence, de jugement et d'intelligence, pour bien diriger le navire et le maintenir à flot. Ainsi que le disait avec beaucoup de raison l'honorable Alexander Henry, maire de Philadelphie, dans son cinquième message annuel au conseil municipal de cette ville : « L'octroi de franchises municipales à une commune est la reconnaissance d'une aptitude supérieure à gérer ses propres affaires[1]. » Habitués depuis longtemps, par des précédents non interrompus, à s'administrer eux-mêmes, les citoyens des villes, aux Etats-Unis comme en Angleterre, sont en possession d'une

[1] « The grant of municipal privileges to a community, is a recognition of superior fitness for the management of its own affairs. » (*Fifth annual message*, etc. February 29, 1863, p. 6.)

complète autonomie, dont ils savent user avec sagesse. En France, les traditions de l'ancien régime, les appréhensions du fédéralisme nées pendant notre première révolution, un long état de guerre et nos agitations intérieures trop souvent réitérées, se sont opposés jusqu'à ce jour à l'affranchissement de la tutelle imposée aux villes et aux communes. Mais, sans avoir la prétention d'être prophète, il est permis d'affirmer que l'avenir verra se détendre peu à peu les liens qui rattachent les affaires municipales à la centralisation, et que, tout en respectant l'unité de cohésion qui fait la force et la sécurité de notre patrie, les municipalités rentreront dans le droit de s'administrer elles-mêmes. Elles en ont pour garant l'illustre auteur du décret de décentralisation du 30 mars 1852, qui a déclaré avec une profonde justesse, dans le préambule de cet acte dû à sa féconde initiative :

« On peut gouverner de loin, mais on n'administre bien que de près : en conséquence, autant il importe de centraliser l'action gouvernementale de l'Etat, autant il est nécessaire de décentraliser l'action purement administrative[1]. »

[1] La nouvelle loi sur les attributions municipales qui vient d'être votée est entrée dans cet ordre d'idées : elle agrandit largement la liberté d'action des autorités communales.

Paris. — Typographie Hennuyer et fils, rue du Boulevard, 7.

www.ingramcontent.com/pod-product-compliance
Lightning Source LLC
LaVergne TN
LVHW010031230826
846091LV00005B/1665

9782016112557